MARLIES BUSCH / SUSANNE KNAPP / HEIDI GRUND-THORPE

Geschenke schön verpackt

Geschenke verpacken
Geschenkgutscheine
Geld schön verpackt

tosa

Bildnachweis:

Geschenke verpacken
Die Bilder stammen von Claudia Rehm (Fotografie) und Achim Sass (Styling), München-Stockdorf; mit Ausnahme von: Gettyone Stone, München: 8 o., 24 o., 12 o. (Andreas Pollok), 16 o., 30 o. (Brown Cannon), 18 o. (Nick Dolding), 28 u. (Roy Botterell); Südwest Verlag, München: 8 u., 32 o. (Joachim Heller), 18 u. (Martina Urban), 22 o. (Michael Holz), 22 u. (Inge Ofenstein); Zefa, Düsseldorf: 10 o. (Wood), 20 o. (Poelking)
Die Illustrationen stammen von Marlene Gemke, München.

Geschenkgutscheine
Die Fotos stammen von Frau Angela Francisca Endress und Team, Usingen, mit Ausnahme von: Bavaria-Bildagentur, München: 48 o. (VCL); Gettyone Stone, München: 40 o. (Bruce Ayres), 44 o., 52 o. (Simon Battensby); Image Bank, München: 38 o. (Alan Becker); Südwest Verlag, München: 42 mi., 42 u. (Christian Kargl), 46 o., 46 u.; Zefa, Düsseldorf: 38 o. (Auslöser), 50 o. (H. Benser)
Die Vorlagen stammen von Susanne Knapp.

Geld schön verpackt
Fotografie: Inge Ofenstein, München (Styling: Heidi Grund-Thorpe), mit Ausnahme von: C&A Mode & Co., Düsseldorf: 56 u. (Chris Böhm), 60 u.; Südwest Verlag, München: 66, 68 o., 70 o. (Susanne Kracke); Zefa, Düsseldorf: 76 o. (Keller), 74 (Spichtinger)
Die Illustrationen stammen von Marlene Gemke, München: 72, 76, 78; Heidi Grund-Thorpe: 56, 58, 64, 66, 68.

Hinweis
Das vorliegende Buch ist sorgfältig erarbeitet worden. Dennoch erfolgen alle Angaben ohne Gewähr. Weder Autorin noch Verlag können für eventuelle Fehler oder Schäden, die aus den im Buch gegebenen praktischen Hinweisen resultieren, eine Haftung übernehmen.

Genehmigte Lizenzausgabe für Tosa Verlag, Wien
Titel der Originalausgaben:
Marlies Busch, Geschenke verpacken; Susanne Knapp, Geschenkgutscheine;
Heidi Grund-Thorpe, Geld schön verpackt

Die Titel erschienen 2001 im Südwest Verlag, München.

Umschlaggestaltung: Beate Dorfinger
Printed in Slovenia 2003

Besuchen Sie uns auf unserer Homepage unter www.tosa-verlag.com

INHALTSVERZEICHNIS

Beim Verpacken kommt es z. B. auf Schachteln, Accessoires, Stempel und Co. an.

GESCHENKE VERPACKEN

Die besten Ideen für ausgefallene Päckchen – ganz schnell selbst gemacht.

Es ist wieder einmal so weit: Weihnachten steht vor der Tür, Ihre beste Freundin hat Geburtstag, oder die Party bei der Kollegin startet am Abend! Das Geschenk steht schon auf dem Tisch, aber wie sollen Sie es verpacken, wenn es mehr als die übliche Dekoration mit buntem Geschenkpapier von der Stange und einem netten Schleifchen werden soll?

Mit ein wenig Phantasie und hübschen Schachteln, einfachen Tüten, ausgewähltem Papier, bunten Stoffen, Bändern, Perlen und Co. lassen sich im Handumdrehen ausgefallene und ganz persönliche Verpackungsideen kreieren. Das Beste daran: Sie brauchen weder viel Zeit noch ein üppiges Budget, und das Ganze sieht auch noch super aus.

Kisten und Schachteln

Schöne Kisten und Schachteln aus farbigem Karton (aber auch Dosen) bieten sich vor allem dann an, wenn Sie weiche Teile, wie Pullover oder Decken, verschenken wollen. Besonders edel sieht es aus, wenn Sie die Innenseite mit farblich passendem Seidenpapier ausschlagen. Auch zerbrechliche Geschenke sind in Kartons gut aufgehoben. Wickeln Sie sie vorher ebenfalls in Seidenpapier – entweder Ton in Ton (z. B. in der Lieblingsfarbe des Beschenkten) oder farblich passend (z. B. Grün, Weiß, Rot bei Pastatellern).

Stoffe

Sie haben weder passendes Geschenkpapier noch eine hübsche Schachtel zur Hand? Dann hüllen Sie Ihr Präsent doch einfach in einen dekorativen Stoff! Egal ob schimmernde Seide, duftiger Organza oder schwerer Samt: Die weiche Hülle passt sich jeder Form an. Anschließend müssen Sie das Objekt nur noch mit Perlendraht umwickeln oder – und das geht noch schneller – einfach mit einem großen Knoten verschließen.

Papier

Es muss nicht immer das toll bedruckte Papier sein, das den schönsten Effekt erzielt. Bedenken Sie, dass Schleifen und andere Dekorationen auf einem unifarbenen Untergrund oft viel besser zur Geltung kommen. Eine tolle und gleichzeitig preisgünstige Alternative ist beispielsweise Krepppapier, das es in den leuchtendsten Farben gibt. Ebenfalls sehr farbintensiv ist Seidenpapier oder Blumenseide. Wer Naturtöne bevorzugt, verwendet Bananenpapier oder japanisches Seidenpapier (s. auch S. 80).

Tüten

Tüten eignen sich hervorragend als Verpackungsmaterial, wenn Sie viele kleine Dinge verschenken wollen oder einfach keine Zeit zum Verpacken haben. Langweilig sieht es trotzdem nicht aus! Wenn es ganz schnell gehen muss, können Sie sogar aus einfachen Packpapier- und Butterbrottüten edle oder witzige Verpackungen zaubern. Vielleicht noch ein hübscher Geschenkanhänger dazu: fertig!

Dekorationen

Schleifen spielen in Sachen Deko immer noch die Hauptrolle. Aber auch sie müssen nicht immer oben auf dem Geschenk sitzen. Schlingen Sie das Schleifenband doch einmal um die Seiten des Päckchens, und nutzen Sie den Platz auf der Oberseite für andere Dekorationen. Oder experimentieren Sie mit mehreren Lagen Schleifenband in unterschiedlichen Breiten und Farben. Knüpfen Sie Federn, Kinderspielzeug, Glanzbildchen (Oblaten), Blüten oder Perlen an die Schleifen. Kleben Sie Ihr Päckchen nicht mit Klebestreifen zu, sondern versiegeln Sie es mit Siegellack (aus dem Schreibwarengeschäft oder dem Kaufhaus), oder umwinden Sie das Papier mit dünnem Golddraht. Ihrer Phantasie sind keine Grenzen gesetzt!

Mit prächtig dekoriertem Papier lassen sich ganz individuelle Geschenkverpackungen zaubern. Wer will da noch Geschenkpapier von der Stange?

Sie brauchen auf die Schnelle einen Bogen »Geschenkpapier«? Wie wäre es z. B. mit einer Seite einer ausländischen Tageszeitung oder eines Hochglanzmagazins (je nach Größe des Geschenks)? Und wer es nostalgisch mag, »recycelt« für die Verpackung eine schön altmodisch bedruckte Obsttüte aus dem Gemüsegeschäft um die Ecke.

So ein Täschchen ist die ideale Verpackung für ein Halstuch.

EINFACHE TÄSCHCHEN

Diese kunterbunten Schachteln sind im Handumdrehen fertig!

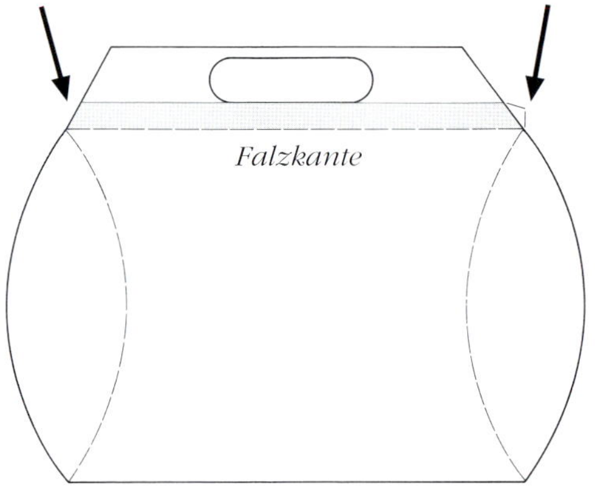

Pauspapier, Bleistift, Wellpappe in Rot, Türkis, Grün und Lila, Schneidemesser, Klebstoff, Bastbändchen in Orange, Rot und Lila, Bändchenteiler, Schere, verschiedene bunte Holzfiguren

① Die Vorlage für die Henkeltasche (s. unten) auf dem Kopierer nach Belieben vergrößern und mit Pauspapier zweimal auf die Rückseite der Wellpappe übertragen. Am unteren Rand müssen sich die Teile berühren. ② Die Konturen ausschneiden und die Falzkanten (gestrichelte Linien) mit dem Schneidemesser leicht einritzen. Dabei nur die oberste (glatte) Kartonschicht durchtrennen. ③ Die Klebelasche unter dem Griffloch mit Klebstoff bestreichen und festkleben. ④ Den Klebstoff trocknen lassen, das Präsent in das Täschchen legen und die Seitenteile nach innen klappen. ⑤ Für die kleinen Schachteln die Vorlage ohne Henkel auf die Wellpappe übertragen. Je nachdem, wie man dabei Breite und Höhe der Vorlage variiert, können sich ganz unterschiedliche Formate ergeben. ⑥ Zum Schluss die Schachteln mit farblich passenden Bastbändchen mehrfach umwickeln. ⑦ Die Enden der Bändchen mit dem Bändchenteiler aufritzen und mit der Schere ringeln, indem man sie über die Schneidefläche zieht. ⑧ Die Päckchen mit kleinen bunten Holzfiguren dekorieren.

Tipp: Damit die Wellen der Wellpappe beim Schneiden nicht zerdrückt werden, benutzen Sie ein Schneidemesser. Wenn Sie keine Holzfiguren zur Hand haben, können Sie aus Wellpappresten kleine Figuren schneiden und die Geschenke mit diesen verzieren. Besonders einfach gelingen die Figuren, wenn Sie auf die glatte Rückseite der Pappe Plätzchenformen legen, die Umrisse nachziehen und die Formen dann ausschneiden.

Statt das Bastbändchen zu teilen, können Sie das Päckchen mehrmals damit umwickeln und eine dekorative Kleinigkeit dazwischenstecken.

Duftiges Organzaband in zarten Pastelltönen gibt dem Geschenk einen zum Baby passenden Charakter.

HALLO KLEINES BABY

Eine niedliche Verpackungsidee passend für die ganz Kleinen.

Seidenpapier in Weiß, Türkis, Pink und Lila, Schere, Klebestreifen, Organzaband in Rosa sowie in Hellblau, Hellgrün und Rosa mit Blümchen, Miniaturspielzeug, Bastelfarbe in Flieder, Rosa, Türkis und Hellblau, Pinsel, doppelseitiges Klebeband (transparent)

① Das Seidenpapier auf die richtige Größe zuschneiden. Von einer Längsseite aus ziehharmonikaartig zusammenfalten. ② Das Geschenk so einpacken, dass die gefältelte Seite nach oben schaut. ③ Das Papier an den Seiten mit Klebestreifen fixieren. Anschließend das gefaltete Stück in der Mitte oder an der Seite aufschneiden, so dass sich eine Fächerform bildet. ④ Den Fächer etwas auseinander ziehen. ⑤ Das Organzaband um die Längsseite des Päckchens schlingen und festknoten. ⑥ Das Miniaturspielzeug mit der Bastelfarbe anstreichen. ⑦ Nach dem Trocknen die Miniaturen mit dem Organzaband an das Geschenk binden und eventuell mit doppelseitigem Klebeband sichern.

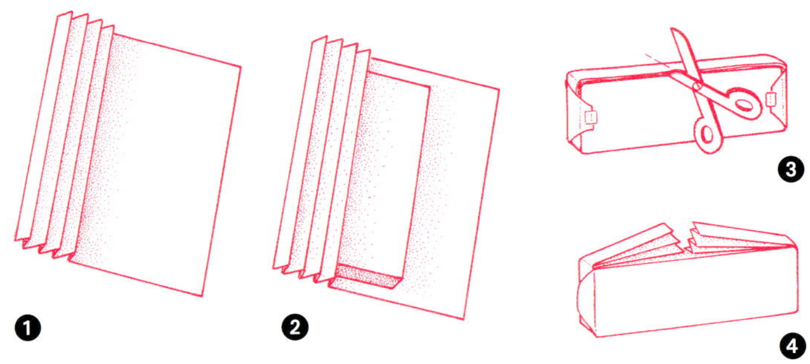

Die Falten gut mit dem Daumennagel nachziehen.

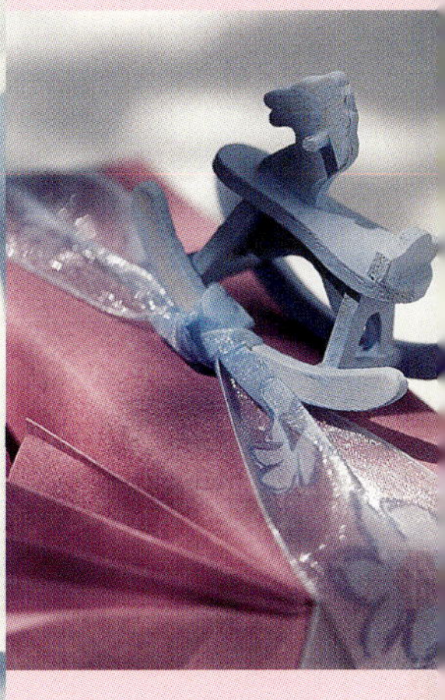

Statt mit Kärtchen oder Geschenkanhänger werden die Päckchen mit kleinem Holzspielzeug oder Puppengeschirr dekoriert.

Auch im Handarbeitsgeschäft finden sich Dekoteile, wie dieses Paisleymotiv.

TAUSEND-UNDEINE NACHT

Prachtvolle, dekorative Präsente, die aussehen wie aus einem orientalischen Palast.

Seidenpapier in Orange, Lila, Türkis und Pink, Schere, Klebestreifen, doppelseitiges Klebeband (transparent), Tüllband in Lila und Grün, Organzaband in Orange, Stecknadeln, 2 goldene Paisleymotive, 1 goldene Quaste, Brokatband, 1 goldener Serviettenring mit großen Perlen, Sicherheitsnadeln, 1 Kerzenständeranhänger aus silbernen Perlen

① Die Präsente in das gewünschte Seidenpapier packen und die Ecken mit Klebestreifen oder doppelseitigem Klebeband fixieren. ② Ein farblich passendes Tüllband und das Organzaband um die Längsseite des Geschenks legen und auf der Rückseite zusammenbinden oder mit einer Stecknadel feststecken. ③ Die Paisleymotive mit doppelseitigem Klebeband festkleben. Die goldene Quaste auf dieselbe Weise befestigen. ④ Das Geschenk in Türkis wird mit einem Brokatband längs umschlungen. Dabei darauf achten, dass ein Bandende so lang ist, dass man den goldenen Serviettenring daran knüpfen kann. ⑤ Das Band auf der Rückseite des Päckchens mit einer Sicherheitsnadel feststecken. ⑥ Den Serviettenring nach vorne legen. ⑦ Den Kerzenständeranhänger auf die gleiche Weise als Deko an einem Päckchen anbringen.

Tipp: Besonders hübsch sehen die Geschenke aus, wenn Sie das Papier nicht mit Klebestreifen zusammenhalten, sondern dazu doppelseitiges Klebeband verwenden. Dazu von einem kleinen Stück Klebeband auf einer Seite die Schutzfolie abziehen, das Band auf das unten liegende Papier kleben, die zweite Schutzfolie abziehen und das überlappende Papier andrücken. Anstelle des transparenten Klebebandes können Sie auch doppelseitige Foto-Klebeetiketten verwenden.

Prächtig leuchtende Farben, viel Gold und glitzernde Perlen sind wichtig für das orientalische Flair. Ähnliche Accessoires lassen sich mit Material aus dem Hobbyfachhandel auch leicht selbst machen.

Edel versiegelt wird auch das kleinste Päckchen zum wertvollen Präsent.

GUT VERSIEGELT

Geheimnisvoll wie alte Briefe wirken diese kleinen versiegelten Päckchen.

Japanseide in Blau, Rot, Natur, Grün und Weiß mit Goldfäden, Schere, doppelseitiges Klebeband (transparent), Siegellack in Gold, Kupfer und Blau, Siegel mit verschiedenen Motiven, Paketkordel, rotes, dünnes Lederband, Geschenkpapier in Kupfer und Gold

① Die Präsente in Japanseide einwickeln und eventuell mit doppelseitigem Klebeband fixieren. ② Für das blaue Päckchen die Abschlusskante umknicken und auf der Vorderseite platzieren. Den Siegellack auf die Kante träufeln und das Siegel hineindrücken. ③ Ein rotes Päckchen mit Paketkordel umwickeln und das Siegel auf den Knoten setzen. ④ Auf das andere rote Päckchen ein kleines Quadrat aus naturfarbener Japanseide legen und dieses an allen vier Ecken mit Siegellack befestigen. Das Quadrat anschließend mit dem Namen des Beschenkten versehen. ⑤ Für das dritte rote Päckchen das Papier so falten, dass es wie ein Kuvert aussieht. Die Spitze umschlagen und mit Siegellack fixieren. ⑥ Das grüne Päckchen wird mit einer schrägen Abschlusskante eingewickelt und mit zwei Siegeln verziert. ⑦ Das weiße Päckchen mit rotem, dünnem Lederbändchen verschnüren. In der Mitte ein Siegel aufbringen. ⑧ Für das kupferfarbene Päckchen das Präsent in Geschenkpapier hüllen. An den Seiten mit Siegellack verzieren. ⑨ Für das gold-kupferfarbene Päckchen das Geschenk jeweils zur Hälfte einmal mit goldenem, einmal mit kupferfarbenem Geschenkpapier einpacken. Das Siegel an die Stelle setzen, wo die beiden Papiere aufeinander treffen.

Tipp: Damit der Siegellack nicht rußt oder zu heiß wird, schmelzen Sie ein kleines Stück wie beim Bleigießen in einem alten Löffel über einer Kerze und träufeln den Lack dann auf das Papier.

Versiegeln Sie ein Päckchen nach dem anderen, denn das Siegel muss sofort in den heißen Siegellack gedrückt werden. Kurz halten, wieder abnehmen und das Päckchen vorsichtig beiseite legen, bis der Lack völlig getrocknet ist.

Damit der oder die Beschenkte die Töpfe gleich weiterverwenden kann, packen Sie Samen bunt blühender Sommerblumen dazu.

FRISCH EINGETOPFT

Die ideale Verpackung für alle, die gerne pflanzen und gärtnern.

3 Terracotta-Blumentöpfe in unterschiedlichen Größen, 3 Wasserschalen, die jeweils auf den oberen Topfrand passen, Bastelfarbe in Weiß, Pastellblau und Helltürkis, Pinsel, evtl. Klarlack, Bast in Rosé, Hellgelb und Hellblau, Cannastäbe in Pastellfarben, Geschenkpapierreste, Schere, Klebstoff, Blumensamen, Mini-Wäscheklammern

① Die Terracotta-Blumentöpfe und die Wasserschalen mit der Bastelfarbe anmalen. Falls die Farbe nicht ausreichend deckt, nach dem Trocknen einen zweiten Anstrich ausführen. Sollen die Töpfe wetterfest sein, müssen Sie sie nach dem Farbanstrich noch klar lackieren. ② Sobald die Farbe völlig trocken ist, Präsente in die Töpfe stecken, jeweils eine Wasserschale kopfüber auf den passenden Topf setzen und das Ganze mit farblich passendem Bast über Kreuz fest zusammenbinden. ③ Cannastäbe unter den Bast schieben. ④ Für die Tütchen ein 15 x 20 Zentimeter großes Stück Geschenkpapier zuschneiden und so falten, dass sich die Ränder auf der Rückseite überlappen. Festkleben und trocknen lassen. ⑤ Für den Boden den unteren Rand etwa 2 Zentimeter nach oben umknicken. ⑥ Die beiden Papierlagen auseinander ziehen und die Seiten zur Mitte einfalten, so dass ein Sechseck entsteht. Erst die untere Kante 3 Zentimeter nach oben, dann die obere Kante ebenso weit nach unten schlagen, so dass sich die beiden Lagen 1 Zentimeter überlappen. Zusammenkleben. ⑦ Am oberen Rand eine etwa 2 Zentimeter lange Lasche aus der Tüte herausschneiden. ⑧ Die Tütchen mit Samen füllen, mit einem kleinen Etikett aus farblich passendem Papier versehen und beschriften. ⑨ Zum Schluss die Samentütchen mit den Mini-Wäscheklammern am Bast festclipsen.

Statt mit Cannastäben können Sie die Töpfe auch mit denjenigen Blüten verzieren, deren Samen in den Tütchen stecken.

Heben Sie für größere Geschenke unbedruckte Papiertüten von der letzten Shoppingtour auf. Dekorativ bestempelt lassen sich daraus im Nu tolle Verpackungen zaubern.

TÜTEN EINMAL ANDERS

So können Sie fertige Tüten aus einfachem braunem Packpapier in Windeseile verzieren.

Tüten aus Packpapier, Schere, Dekofarbe in Silber und Gold, Pinsel, Schneidemesser, dünne gebogene Äste, Geschenkanhänger, Stempel mit Meerestiermotiven, Stempelkissen in Silber, Gold und Kupfer, Bast in Natur, Rost, Silber und Gold

① Die Tüten jeweils an der oberen Kante in Form von Bogen, Spitzen oder Zinnen zuschneiden. Das geht am einfachsten, wenn man die Tüten dazu flach zusammenlegt und so jeweils beide Seiten in einem Durchgang schneidet. ② Nach Belieben die zurechtgeschnittenen Formen mit silberner oder goldener Bastelfarbe bemalen. ③ Die Präsente in die Tüten stecken. Bei den Tüten mit Spitzen und Zinnen die letzten sieben bis zehn Zentimeter nach unten umknicken. ④ Für den Verschluss in jede Tüte mit dem Schneidemesser mit etwas Abstand zueinander zwei senkrechte Schlitze in den umgefalteten oberen Teil schneiden. Dabei alle Papierlagen durchtrennen. ⑤ Jeweils einen gebogenen Ast durch die beiden Schlitze ziehen und die Tüten damit verschließen. ⑥ Bei der Bogentüte den Rand nicht umknicken, sondern nur wie oben beschrieben Schlitze einschneiden und das Ganze mit einem Stöckchen verschließen. ⑦ Die Geschenkanhänger mit den Meerestieren in Silber, Gold oder Kupfer bestempeln. ⑧ Die Anhänger mit dem farblich passenden Bast an die Stöcke binden. Oder den Bast ebenfalls durch die Schlitze ziehen.

Tipp: Zu diesen Verpackungen passen anstelle der maritimen Geschenkanhänger auch dekorative Blätter (künstlich oder echt). Das Laub büschelweise oder als einzelne Blätter vorsichtig an den Bast knüpfen und diesen wie oben an den Geschenken befestigen.

Für die Anhänger kleine Schildchen aus farblich passendem Karton ausschneiden. An einer Schmalseite die Ecken abschneiden und mittig ein Loch einstanzen. Auf der Vorderseite jeweils einen Lochverstärker aufkleben und das Etikett bestempeln.

Außergewöhnlich verpackt wird selbst eine Flasche Wein zum Hingucker.

KUNSTVOLL VERHÜLLT

Diese Flaschen sehen aus wie vom Verpackungskünstler Christo persönlich eingehüllt.

Pannésamt in Weiß, Blau, Lila, Türkis (30–40 cm breit und 1–1,5 m lang), evtl. Klebstoff, Sicherheitsnadeln, verschiedene Glas- und Wachsperlen in passenden Farben, dünner Draht in Gold und Silber, evtl. Rundzange

① Den Samt der Länge nach um die Flaschen wickeln. Dabei darauf achten, dass auch der Flaschenboden mit einer Lage bedeckt ist. Den Stoff eventuell an einigen Stellen mit etwas Klebstoff unsichtbar fixieren. ② Das Stoffende am Flaschenhals vorläufig mit einer Sicherheitsnadel fixieren und den Klebstoff (falls verwendet) völlig trocknen lassen. ③ Die Perlen in dekorativer Anordnung auf den goldenen oder silbernen Draht fädeln. Dann am unteren Ende mit dem Umwickeln der Flasche beginnen. Man kann den Draht dabei entweder kreuz und quer um die Flasche wickeln oder sich in gleichmäßigen Spiralen von unten nach oben vorarbeiten. ④ Falls das Drahtstück mit den Perlen zu kurz ist, ein zweites Stück Draht abschneiden. Perlen in der gleichen Reihenfolge auf den Draht auffädeln, den Anfang mit dem Ende des ersten Drahtes verdrehen, dann in gleicher Art weiterwickeln. ⑤ Die Sicherheitsnadel am Flaschenhals lösen und das Stoffende fest mit Perlendraht umwickeln. Um die Perlen zu fixieren, das Drahtende eventuell mit einer Rundzange zu einer Öse drehen. ⑥ Jetzt kann die Stoffspitze beliebig gebogen werden. Dadurch lassen sich ungewöhnliche Formen erzielen, so dass man die Form der Flasche wirklich nur noch erahnen kann.

Tipp: Wenn Sie die Flaschenform noch stärker verhüllen bzw. verbergen wollen, wickeln Sie den Stoff nicht gleichmäßig um die Flasche, sondern drapieren ihn an einigen Stellen in mehreren dicken Lagen darum.

Perlen in ungewöhnlichen Formen kommen in Kontrastfarben besonders gut zur Geltung. Einfache Perlen dagegen wirken besonders edel, wenn sie Ton in Ton mit dem schimmernden Samt harmonieren.

Wenn Sie keine passenden Schablonen finden, können Sie mit Bastelfarbe in Savannentönen einfache Ethnomotive auf die Päckchen malen.

AFRIKANISCHE IMPRESSIONEN

Bei dieser Deko erinnern Farben und wilde Tiere an Afrikas Steppen.

Bananenpapier in Rost, Apricot, Safarigelb, Lila, Natur und Weiß mit Goldfaden, Schere, Bleistift, Schablonen mit Löwe, Giraffe und Elefant, Dekofarbe in Schwarz, Stupfpinsel, Klebestreifen, Jutebänder in Braun und Gelb, Glas- und Holzperlen, Sackleinenband in Natur, Bastborte in Orange, Borkenband in Senfgelb, Goldfolie, Kordel in Weiß

① Die Geschenke versuchsweise in das Bananenpapier hüllen (nicht verkleben) und ausprobieren, an welchen Stellen die Tierschablonen platziert werden sollen. Mit Bleistift zart kennzeichnen. ② Das Papier wieder auseinander falten. Die gewünschte Schablone an die entsprechenden Stellen legen und die nicht zu flüssige Dekofarbe mit dem Stupfpinsel auftragen. ③ Wenn die Farbe ganz trocken ist, die Geschenke richtig einpacken. ④ Das gelbe Päckchen mit dem Elefanten mit gelbem Juteband dekorieren, an dessen Enden jeweils eine Perle geknotet wurde. ⑤ Das rostfarbene Päckchen mit der Giraffe mit einem Sackleinen- und einem Juteband verzieren, an dessen Enden ebenfalls Perlen hängen. ⑥ Für das apricotfarbene Päckchen einen Streifen vom lilafarbenen Bananenpapier schneiden, mit einem Elefanten verzieren und nach dem Trocknen um das Päckchen kleben. Die Kanten mit orangefarbener Bastborte dekorieren. ⑦ Das naturfarbene Päckchen mit dem Löwen an den Seiten mit Borken- und braunem Juteband umwickeln. Die Enden wiederum mit Perlen verzieren. ⑧ Das weiße Päckchen, das ebenfalls mit einem Löwen verziert wurde, an den Seiten erst mit Goldfolie, dann mit weißer Kordel umwickeln.

Tipp: Wenn Sie selbst Schablonen herstellen wollen, zeichnen oder pausen Sie die Umrisse der Tiere auf Karton und schneiden das Innere aus.

Löwe einmal anders – die edle Variante für alle Geburtstagskinder, die unter diesem Sternzeichen geboren sind.

DUFTIGER SOMMER

Eine zauberhafte Deko, für die man nicht einmal Geschenkpapier benötigt.

Unterschiedlich große Schachteln, Kokosfaser in Hellgrün, Gelb und Apricot, dünner Silberdraht, kleine Trockenblumen in Lila, Klebstoff, große getrocknete, gepresste Blüten und Blätter in Orange

① Die einzelnen Präsente in passende Schachteln packen. ② Die Schachteln in Kokosfaser hüllen. ③ Anschließend jede Schachtel rundum mit dünnem Silberdraht umwickeln. Dadurch wird die Kokosfaser ohne den Gebrauch von Klebstoff fixiert und kann nicht mehr verrutschen. ④ Die kleinen lilafarbenen Trockenblümchen auf der Oberseite dekorativ verteilen. Nacheinander jede einzelne Blüte noch einmal hochnehmen und mit einem Tropfen Klebstoff auf der Kokosfaser festkleben. ⑤ Nachdem der Klebstoff völlig getrocknet ist, je nach Geschmack zusätzlich die großen Blüten auflegen und alles nochmals gründlich mit Draht umwickeln. Dabei darauf achten, dass die zarten, empfindlichen Trockenblumen nicht zerdrückt werden. ⑥ Wird das Geschenk nur mit den kleinen violetten Blüten dekoriert, umwickelt man die Schachteln rundum sehr sorgfältig mit Silberdraht, ehe man die Blümchen aufklebt.

Tipp: Für die Trockenblumendeko eignet sich der violette Strandflieder besonders gut, da seine Blüten zwar sehr klein, aber recht robust sind. Je größer die Schachtel ist, desto größer können aber auch die Blumen sein (z. B. Strohblumen). Statt ganzer Blüten können Sie auch einzelne Blütenblätter, z. B. von Rose oder Hortensie, auf die Schachteln kleben. Egal welche Blüten Sie verwenden: Achten Sie stets darauf, dass Sie die Farben der umhüllenden Kokosfaser sowie der großen Blumen und Blätter entsprechend darauf abstimmen.

Zum Selberpressen die Blüten zwischen saugstarkes Papier legen und beschweren.

Je nach Farbton der Blüten können Sie anstelle des Silberdrahts auch Golddraht verwenden. Auch gekräuselter Bouillondraht sieht sehr hübsch aus.

Ganz in Weiß passt diese Verpackung super für Hochzeitspräsente.

IN FALTEN GELEGT

Diese einfachen Verpackungen aus Plisseepapier wirken äußerst raffiniert.

Plisseepapier in Weiß, Schere, Klebstoff, Klebestreifen, Kordel in Bordeaux, farblich passende Perlenbänder, Willowblätter (skelettiert) in Bordeaux und Weiß, breites Bastband in Lila, Jutekordel in Orange

① Die Flasche der Länge nach in das Plisseepapier wickeln. Den unteren Rand nach innen unter den Boden schlagen und mit Klebstoff oder Klebestreifen fixieren. ② Den Flaschenhals mit bordeauxfarbener Kordel abbinden. ③ Ein Perlenband dekorativ darumschlingen und ein Willowblatt ankleben. ④ Für das »Schiffchen« das Geschenk in das Plisseepapier legen und einrollen. Eventuell mit einem Stück Klebestreifen fixieren. ⑤ Die beiden Enden mit lilafarbenem Bastband verbinden. ⑥ Wiederum ein Perlenband darumschlingen und an jedes Ende des »Schiffchens« ein Willowblatt kleben. ⑦ Für das Säckchen das Präsent auf ein ausreichend großes Quadrat aus Plisseepapier legen. Alle vier Ecken nach oben nehmen und mit der orangefarbenen Jutekordel zusammenbinden. ⑧ Ein Perlenband hübsch darumwinden und ein Willowblatt daran festkleben.

Tipp: Auf diese Weise lassen sich alle Formen verpacken. Das Schiffchen z. B. ist eine ideale Verpackung für weiche Teile, die man gut rollen und biegen bzw. knicken kann (Tücher, Tischdecken und andere Textilien). In dem Säckchen lassen sich sowohl runde als auch eckige Dinge verstecken. Eventuell können Sie das Präsent also vorher auch in eine hübsche Schachtel stecken und diese dann in das Plisseepapier einschlagen. Zu den filigranen Papierkunstwerken passen anstelle der Willowblätter auch kleine Federn (am schönsten Ton in Ton) oder zarte (Textil-)Blüten (z. B. Mohn) als Schmuck.

Das filigrane Blattwerk kann im Sommer auch gut durch weiße Blüten ersetzt werden. Den Stängel bis auf wenige Zentimeter abknipsen und unter die Kordel bzw. das Perlenband schieben.

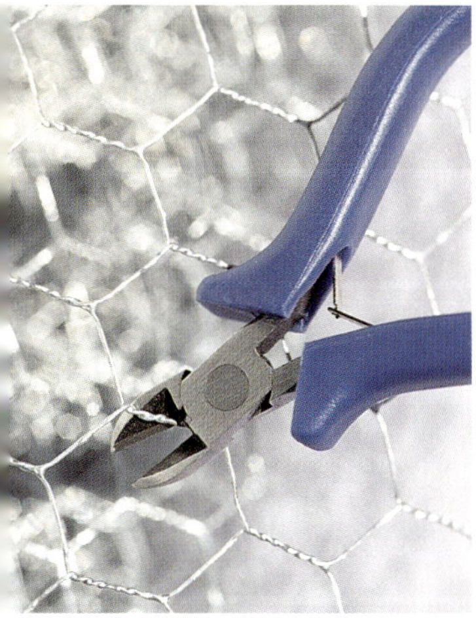

Kükendraht gibt es silber- und messingfarben. Er lässt sich ohne Kraftaufwand mit der Drahtschere schneiden.

FLOTTE MASCHEN

Die Deko aus Kükendraht ist wirklich eine ausgefallene Masche.

Seidenpapier in Weiß, Schere, Klebestreifen, Kükendraht, Drahtschere, Rundzange, künstliche Blumen

① Die Geschenke in das weiße Seidenpapier einwickeln. Am besten vorher testen, ob das Geschenk durch das dünne Papier hindurchblitzt. Wenn ja, das Papier doppelt legen. ② Den Kükendraht auf das Geschenk legen und so zurechtschneiden, dass er an allen vier Seiten einige Zentimeter darüber hinausragt. ③ Den Draht abnehmen und die Kanten rundum mit der Rundzange umbiegen, um zu vermeiden, dass man sich an den scharfen Spitzen verletzt. ④ Nun den Kükendraht wieder gerade oder leicht schräg unter das Geschenk legen, hochschlagen und nach außen umbiegen. ⑤ Den Stängel der künstlichen Blume durch die Maschen des Drahts ziehen.

Tipp: Anstelle der künstlichen Blüten eignen sich auch Weinreben oder die Zweige der Korkenzieherhasel.

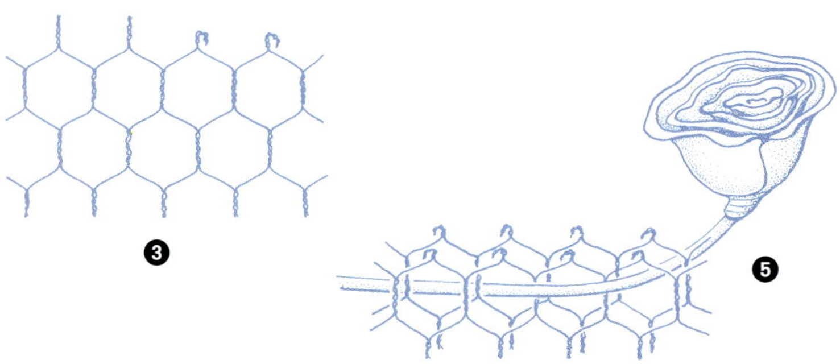

Den Blütenstängel durch die einzelnen Maschen ziehen.

Wenn der Stängel einer Blüte nicht lang genug ist, drehen Sie ein Stück Blumendraht daran fest und umwickeln alles mit grünem Klebeband oder Krepppapier.

In den Tüten lassen sich Gutscheine, Geld und Co. ideal verstecken.

TÜTEN ÜBER TÜTEN

Eine Idee für ganz Eilige, die trotzdem eine individuelle Verpackung wünschen.

Butterbrottüten in Weiß, Schere, Tonkarton in Weiß und Blau, Bleistift, Motivschere, Klebstoff, Locher, Dekofische in verschiedenen Größen und Farben, Monde in Silber, Herzen in Rot, doppelseitiges Klebeband (transparent), Organzaband in Weiß, Hellblau und Weiß gemustert, Geschenkband in Rot

① Die Butterbrottüten auf die gewünschte Höhe zuschneiden. ② Für jede Tüte jeweils zwei gleiche Formen aus Tonkarton zuschneiden. Die Formen sollten mindestens die Größe der Tüten haben. ③ Für die runde Tüte einen kleinen Teller auf den Tonkarton legen, die Kontur mit einem Bleistift nachziehen und die Form ausschneiden. ④ Die Ränder der Tonkartonformen nach Belieben rundum mit der Motivschere nachschneiden. ⑤ Je zwei gleiche Formen auf eine Tüte kleben. ⑥ Am oberen Rand mit dem Locher je zwei Löcher in die Tonkartons stanzen. ⑦ Die Dekofische sowie die Monde und Herzen mit doppelseitigem Klebeband oder Klebstoff aufkleben. ⑧ Das Präsent in die Tüte stecken. Ein farblich passendes Organza- oder Geschenkband durch die Stanzlöcher ziehen und verknoten.

Tipp: Wenn Sie wollen, können Sie aus Tonkartonresten noch passende Geschenkanhänger basteln. Schneiden Sie den Karton dazu in beliebige Formen (z. B. Rechteck, Kreis, Oval), stanzen Sie ein Loch hinein, und beschriften Sie jedes dieser Kärtlein auf einer Seite mit dem Namen des Beschenkten oder guten Wünschen. Kleben Sie dann mit doppelseitigem Klebeband oder einem Tropfen Klebstoff auf die andere Seite einen Dekofisch, einen Mond oder ein Herz. Den Geschenkanhänger auf das Band fädeln und erst dann das Stanzloch in der Tüte damit verschließen.

Wenn sich mehrere zusammentun, kann man viele kleine Tütchen an dekorative Zweige binden und so gleich einen ganzen Strauß verschenken.

Wer nicht selbst zu Farbe und Pinsel greifen will, findet in Kaufhäusern oder in Geschäften für Babyausstattung bunt lackierte Buchstaben in vielen Variationen.

KUNTERBUNTE BUCHSTABEN

Dank der Initialen ist hier keine Verwechslung mehr möglich.

2 Holzbuchstaben als Initialen oder die Buchstaben für den ganzen Namen, Bastelfarbe in Silber, Pink, Hellgrün und Orange, Pinsel, evtl. Klarlack, Geschenkpapier in Pink, Gelb und Hellgrün mit weißen Mustern, Schere, Klebestreifen, Klebstoff oder doppelseitiges Klebeband (transparent)

① Die Holzbuchstaben für die Initialen oder die Namenszüge rundum mit Bastelfarbe in dem gewünschten Ton anmalen (passend zum gewählten Geschenkpapier). Gerade bei großen Geschenken bietet es sich an, den ganzen Namen als Verzierung aufzubringen. ② Die Farbe gut trocknen lassen. Eventuell das Ganze anschließend von allen Seiten zusätzlich mit Klarlack versiegeln. Den Lack ebenfalls restlos trocknen lassen. ③ Die Präsente in Geschenkpapier hüllen. ④ Die Holzbuchstaben mit Klebstoff oder doppelseitigem Klebeband auf die verpackten Geschenke kleben. ⑤ Auf dieselbe Weise lassen sich auch Geschenkanhänger oder Einladungskarten aus Tonkarton individuell verzieren.

Tipp: Diese Verpackung ist z. B. an Weihnachten ideal. Durch die Initialen lassen sich die Päckchen gut von anderen Geschenken unterscheiden. Wenn Sie die Holzbuchstaben mit doppelseitigem Klebeband auf das Geschenk kleben, kann man sie später prima weiterverwenden. Die Buchstaben dazu einfach vom Papier ziehen und das Klebeband inklusive eventuell anhaftender Papierreste mit einer kleinen Spachtel vom Holz kratzen. Anschließend kann man mit den Buchstaben beispielsweise die Handtuchhaken im Bad kennzeichnen oder einen Schriftzug auf die Kinderzimmertüre kleben. Damit man die Buchstaben besser pflegen kann, vorher (falls noch nicht geschehen) unbedingt rundum mit Klarlack versiegeln.

Wenn Sie mehrere Päckchen verschenken, können Sie jeweils einen Buchstaben oder eine Silbe des Namens oder einer kurzen Botschaft aufkleben. Der Beschenkte muss dann erst puzzlen, bevor er auspacken darf.

Die weißgoldene Verpackung passt gut zu Weihnachten und zur Hochzeit.

GUT GERAHMT

So bekommt ein schöner Inhalt auch seinen passenden Rahmen.

Japanseide in Natur und Beige, Schere, Klebestreifen, Tonpapier in Weiß, Lineal, Bleistift, Schneidemesser, Motivschere, dünne Goldfolie, doppelseitiges Klebeband (transparent), Sticker in Gold

① Das Präsent zuerst mit Japanseide in der gewünschten Farbe einpacken. ② Das weiße Tonpapier auf die Oberseite des Päckchens legen und ein entsprechend großes Rechteck zuschneiden. Dabei ist es wichtig, dass die Außenmaße des Tonpapierstücks etwas größer sind als die des Päckchens. ③ Von allen vier Seiten 4–7 Zentimeter nach innen abmessen und mit Lineal und Bleistift ein entsprechend kleineres Rechteck aufzeichnen. Entlang dieser Linien mit dem Schneidemesser den Rahmen zuschneiden. ④ Die äußeren Kanten des Rahmens nochmals mit der Motivschere nachschneiden. ⑤ Die Goldfolie unter den Rahmen legen und mit doppelseitigem Klebeband festkleben. Besonders schön sieht es aus, wenn die Folie nicht straff gespannt ist, sondern leichte Wellen wirft. ⑥ Nach Belieben auch die Seitenteile des Päckchens mit Goldfolie umwickeln und an mehreren Stellen unsichtbar mit doppelseitigem Klebeband fixieren. ⑦ Die Ecken des Rahmens mit goldenen Stickern verzieren.

Tipp: Auf ähnliche Art lassen sich auch Weihnachtskarten basteln. Bei einer weißen Klappkarte das Innere des Vorderteils wie einen Rahmen ausschneiden und die Karte dann an allen offenen Seiten mit der Motivschere beschneiden. Das Vorderteil mit Goldfolie hinterkleben und mit Sticken verzieren. Noch schneller: Weiße Karten einfach mit Dekoaufklebern verschönern. Und wenn Sie die Kärtchen »en miniature« basteln, haben Sie gleich noch passende Geschenkanhänger.

Wenn Sie keine passenden Sticker finden können, malen Sie die Dekoration mit goldenem Lackstift auf die Rahmen. Wählen Sie ein einfaches Muster, und üben Sie es zuvor einige Male auf einem Blatt Papier, damit Ihnen die Linien leicht von der Hand gehen.

Farblich passende Bänder lassen sich fast beliebig miteinander kombinieren.

NOCH MEHR SCHLEIFEN

Bei so großartigen Schleifen braucht man kein tolles Geschenkpapier.

Material

Krepppapier in Dunkelrot, zwei Olivtönen, Lila und Türkis, Schere, Klebestreifen, Tüllband in Pink, Gelb und Grün, Organzaband in Pink, Oliv und Weiß, Kräuselband in Pink, Blümchenborte, Federn in Gelb, Taftband in Lila, Bastborte in Hellgrün, Klebstoff, Samtband in Grün, Seidenpapier in Orange, Türkis und Dunkelrot, Satinband in Lila und Pink

❶ Das dunkelrote Paket mit pinkfarbenem Tüllband umwickeln. Vorne einen Knoten binden. Für die Schleife ein etwa 60 Zentimeter langes Stück pinkfarbenen Tüll und ein etwa 50 Zentimeter langes Stück pinkfarbenes Organzaband zuschneiden. Jeweils die Enden der Bänder in der Mitte über Kreuz legen, so dass zwei Schleifen entstehen. Dann beide Schleifenteile aufeinander legen. Die Doppelschleife in der Mitte mit pinkfarbenem Kräuselband zusammenbinden. Die Bandenden über die Schere ringeln.

❷ Um ein olivfarbenes Päckchen ein Organzaband in Oliv schlingen. Die Blümchenborte darüber legen und auf der Rückseite mit ein paar Stichen fixieren.

❸ Das andere olivfarbene Päckchen hat eine Schleife aus gelben Tüll und weißem Organzaband. Die Schleifen wie beim dunkelroten Päckchen binden. Zusätzlich mit Federn verzieren.

❹ Ein lilafarbenes Päckchen mit Taftband in Lila längs umschlingen. Die Bastborte darüber legen. Aus einem etwa 30 Zentimeter langen Stück Taftband und einer ebenso langen Bastborte eine Schlaufe formen. Die Enden hinten verkleben. Ein Stück Bastborte locker um die Schleife legen und diese auf das Päckchen kleben.

❺ Das türkisfarbene Päckchen mit grünem Tüllband umschlingen und mit grünem Samtband mehrfach umwickeln. Aus dem orange- und türkisfarbenen Seidenpapier einige Blütenblätter schneiden. Mit dem Ende des Samtbandes zu einer Blüte zusammenbinden.

❻ Das zweite lilafarbene Päckchen zuerst mit einer Lage pinkfarbenem Tüll, dann mit lila- und pinkfarbenem Satinband umschlingen. Wie beim türkisfarbenen Päckchen eine Blüte aus dunkelrotem Seidenpapier binden.

Verschiedene Materialien machen den Reiz dieser Schleifen aus. Auf diese und ähnliche Art lassen sich auch kleine Bandreste noch dekorativ verwerten. Experimentieren Sie!

Dekorative Kleinigkeiten phantasievoll zusammengestellt verleihen einem Geschenkgutschein eine persönliche Note.

GESCHENK-GUTSCHEINE

Die wichtigsten Materialien & Hilfsmittel auf einen Blick.

Werkzeug

Für viele Bastelarbeiten mit Papier reicht eine spitze, mittelgroße Schere. Gerade Linien gelingen mit einem Metalllineal und Schneidemesser (Cutter oder Skalpell). Wichtig ist hier eine Schneideunterlage (Schneidematte oder starker Karton). Ein Bleistift und Zirkel oder eine Kreisschablone zum Vorzeichnen von Rundungen dürfen nicht fehlen. Auch eine Lochzange (oder ein Locher) ist manchmal von Nutzen. Faltkanten von Karten und Kartons werden am besten mit einem Falzbein oder einer Stricknadel vorgeritzt.

Klebstoff

Für die Verklebung von stärkerem Papier und Wellpappe eignet sich doppelseitiges Klebeband von der Rolle am besten. Es ist in unterschiedlichen Breiten erhältlich. Doppelseitiges Klebeband mit Schaumstoff zwischen den beiden Klebschichten eignet sich gut als Abstandsband für »dreidimensionale« Verklebungen. Klebefilme haben flüssigem Klebstoff gegenüber den Vorteil, dass sie ohne Wartezeiten sofort kleben und das Papier nicht aufweicht oder wellt. Für manche Bastelarbeiten mit Papier reicht auch ein einfacher Klebestift. Für die großflächige Verklebung von Papier ist dagegen Sprühkleber empfehlenswert. Kleister verwendet man bei Papiermaché und Bastel- oder Holzleim für Holzverklebungen. Und um Dekorationsartikel zu befestigen, ist eine Heißklebepistole eine große Hilfe.

Textilien

Der Handel bietet eine Vielzahl an weißen Textilien zum Bemalen an (z. B. Kochschürze, Babylätzchen, Stoffservietten). Zum Vorzeichnen auf Stoff oder Seide verwenden Sie einen Sublimatstift (seine Linien sind selbstlöschend). Zum Übertragen von Motiven auf sehr dicken Stoff ist ein Bügeltransferstift hilfreich. Heben Sie außer-

Achtung: Durch Radieren löst sich die Farbe vom Farbverlaufspapier. Dieser Effekt kann aber auch als Gestaltungsmittel eingesetzt werden, z.B. bei der Darstellung von Nebelschleiern oder Glanzlichtern.

So eine bunt gefüllte Badetasche muss nicht noch extra verpackt werden.

WELLNESS & BEAUTY

Eine Einladung zum Beautyweekend ist vor allem bei Damen sehr beliebt.

Spiegelmosaiksteinchen, Holzbilderrahmen, Silikonkleber, Fugenmasse, Badeperlen, Spachtel, Schwamm, feine Stahlwolle, doppelseitiges Klebeband, transparente Plastiktasche, Kosmetika, Badeschwamm und andere Pflegeartikel

① Die Spiegelmosaiksteinchen probeweise auf den Bilderrahmen legen, um zu sehen, wie viele Steinchen für eine Reihe benötigt werden. ② Den Silikonkleber mit einer Spachtel gleichmäßig auf dem Bilderrahmen streichen. ③ Die Spiegelmosaiksteine in gleichmäßigen Abständen auf den Rahmen in das Silikon drücken. Zwischen den einzelnen Steinchen einen kleinen Spalt für die Fugenmasse lassen. Sind alle Mosaikteilchen aufgelegt, muss der Kleber gut trocknen. ④ Die Fugenmasse mit Wasser nach Herstellerangaben anrühren und mit einer Spachtel vollflächig in die Zwischenräume der Mosaikteilchen reiben. ⑤ Mit einem fast trockenen Schwamm die groben Rückstände der Fugenmasse sofort von den Spiegelstücken wischen. Die Masse dann trocknen lassen. ⑥ Sobald die Fugenmasse trocken ist, die Spiegelmosaiksteinchen mit einem trockenen Tuch nachpolieren. Sollte ein Grauschleier bleiben, kann dieser nach vollständiger Trocknung mit feinster Stahlwolle entfernt werden. ⑦ Vier blaue Badekugeln mit je einem Stückchen doppelseitigem Klebeband anbringen. ⑧ Die transparente Plastiktasche mit typischen Kosmetikartikeln (Badeschwamm, Kamm, Spiegel, Lockenwickler etc.) füllen. Die Artikel sollten schön bunt sein, damit sie in der Tasche gut sichtbar sind.

Tipp: Reste von Fugenmasse im Plastikbecher eintrocknen lassen, anschließend im Hausmüll entsorgen. Nicht in den Ausguss gießen, da dieser verstopfen kann!

Der dekorative Spiegelrahmen ist später ein toller Blickfang im Badezimmer. In die Mitte wird dann einfach ein schönes Foto oder ein passender Spiegel geklebt (geht am besten mit doppelseitigem Klebeband).

Pasta und Espresso – eine wahre Freude für Augen und Gaumen.

ITALIENISCH ESSEN GEHEN

Wie wär's mal mit einer Einladung zum kleinen Italiener an der Ecke?

Weiße Pastateller, Porzellan-Liner in Schwarz (160 °C), Porzellanfarbe (160 °C) in Rot- und Grüntönen, Zeichenkarton in Weiß, Tonpapier in Hellgrün und Rot, Graphitpapier, Klebestreifen, Pinsel, Wattestäbchen, Cutter, Klebestift

① Das Porzellan mit Spiritus reinigen, so dass es absolut fettfrei ist. Vorlage und Graphitpapier mit Klebestreifen auf dem Tellerrand befestigen. Mit Bleistift Linien nachzeichnen. Vorlage und Graphitpapier vom Teller abnehmen. ② Mit dem Porzellan-Liner alle Konturen nachmalen. Nach dem Trocknen der Konturenfarbe vorsichtig mit einem feuchten Tuch verbliebene Graphitkonturen wegwischen. ③ Blätter und Tomaten ausmalen. Dabei den Farbübergang vermalen, solange die Farbe noch feucht ist. ④ Die Bemalung mindestens noch 4 Stunden trocknen lassen. Dann 90 Minuten bei 160 °C im Backofen einbrennen. Teller im abgeschalteten, geschlossenen Ofen auskühlen lassen. ⑤ Eine 30 x 10 cm große Karte aus weißem Karton zuschneiden. Die Vorderseite mit roten und grünen Tonpapierstreifen bekleben. Mit Lackstift beschriften.

Tomatenvorlage auf 225% vergrößern.

Variante: Die Motive lassen sich auch mit Window-Color-Farben aufbringen. Die Vorlage in eine Prospekthülle legen und die Linien mit der Konturenfarbe nachmalen. Nach 2 Stunden die Tomaten ausmalen. Am nächsten Tag kann das Motiv abgezogen und auf dem Tellerrand dekoriert werden.

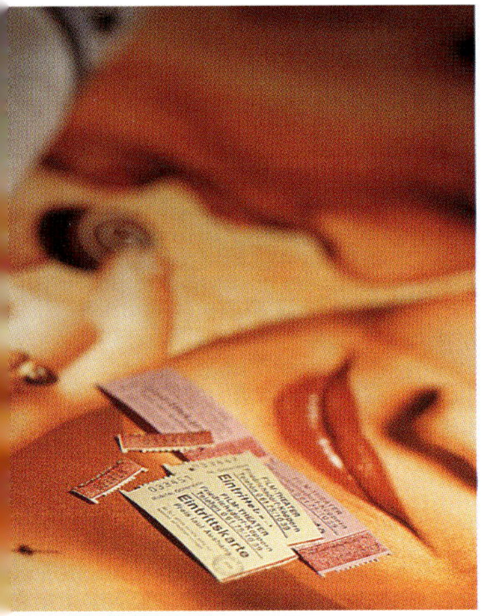

Wer keine Zeit zum Basteln hat, verschenkt z. B. ein Filmplakat und eine große Tüte Gummibärchen.

EINLADUNG ZUM KINOBESUCH

Ein Abend im Kino – am besten zu zweit – ist immer eine gute Idee.

Dekostempel (Leinwandmotiv, Vorhang links, Vorhang rechts, Mann mit Hut, Colaflaschen), Aquastempelkissen in Schwarz, Zeichenkarton in Weiß, beidseitig klebendes Abstandsband, Tonpapier in Rot und Schwarz, transparente Kopierfolie, Moosgummibuchstaben in Rot, Filzstifte, Schere, Falzbein, Cutter, Lineal, Klebestift

① Mit einem Dekostempel das Leinwandmotiv mittig auf Zeichenkarton (29,5 x 17 cm) stempeln. Die äußerst detailreichen Abdrücke werden dann schön schwarz, die Farbe trocknet schnell und kann nach kurzer Zeit schon mit Filzstiften übermalt werden. ② Den Vorhang und den Mann mit Hut auf ein anderes Stück Zeichenkarton stempeln und anschließend so konturnah wie möglich ausschneiden, dann mit farbigen Filzstiften kolorieren. ③ Das Abstandsband in kleine Blöcke oder Streifen schneiden und auf die Rückseite der ausgeschnittenen Stempelmotive kleben. ④ Den Vorhang neben und den Mann mit Hut vor das Leinwandmotiv kleben (siehe Abbildung). ⑤ Aus schwarzem Tonpapier drei Sitzreihen ausschneiden. Die Sitzreihen ebenfalls mit Abstandsband hintereinander kleben. ⑥ Aus rotem Tonpapier einen Rahmen schneiden und auf der Karte fixieren. Die Seitenteile der Karte falzen und mit rotem Tonpapier bekleben. ⑦ Aus schwarzem Tonpapier mit Cutter und Lineal zwei Filmstreifen schneiden und auf die Rückseite einen Streifen Kopierfolie kleben. Diesen wiederum mit weißem Papier hinterkleben. Filmstreifen auf die roten Seitenteile der Karte kleben. ⑧ Colaflaschen auf Zeichenkarton stempeln, kolorieren und konturnah ausschneiden. Mit Abstandsband neben den Filmstreifen festkleben. ⑨ Unter die letzte Sitzreihe die Moosgummibuchstaben festkleben.

Durch das selbstklebende Abstandsband wirken die ausgeschnittenen Stempelmotive besonders plastisch und attraktiv. Zum Reinigen der Stempel ein feuchtes Tuch oder Wasser, Seife und ein weiches Bürstchen verwenden.

Beginnen Sie mit dem Basteln eine Woche im Voraus, damit der Rahmen trocknen kann.

KLASSISCHES KONZERT

Ein schönes Geschenk für einen besonderen Anlass.

Gießpulver, Gießform für einen Bilderrahmen, Acryllackfarbe in Rot, Anlegemilch, Schlagmetall in Gold, Überzugslack, Plastikgefäß, Rührlöffel, Skalpell, Pinsel, weicher Haarpinsel, Watte, Karton, Notenkopien, kleine Violine, Schere, Klebestift, doppelseitiges Klebeband, Heißklebepistole

① Das Gießpulver langsam in die entsprechende Menge Wasser einstreuen (1 Teil Wasser und 3 Teile Pulver). Nach einer Minute vorsichtig umrühren, bis alle Klümpchen aufgelöst sind. ② Die angerührte Gießmasse in die bereitgestellte Form gießen. Achtung: Nach 10 Minuten muss der Gießvorgang abgeschlossen sein und die Form darf nicht mehr bewegt werden! ③ Nach etwa einer halben Stunde den Rahmen vorsichtig aus der Form lösen. Grate und überstehende Ränder mit einem Skalpell entfernen. Den Rahmen etwa eine Woche komplett durchtrocknen lassen. ④ Den Rahmen mit Acryllackfarbe grundieren. Die Farbe gut trocknen lassen. ⑤ Mit einem Pinsel auf die gesamte Fläche dünn und gleichmäßig Anlegemilch auftragen. ⑥ Nach 15 Minuten vorsichtig das Schlagmetall in kleinen oder großen Stücken auflegen und mit einem weichen Pinsel niederdrücken. Die Reste nach einer Wartezeit von etwa 10 Minuten mit einem Pinsel vorsichtig wegwischen (für weitere Bastelarbeiten in einer kleinen Schachtel aufbewahren). ⑦ Die vergoldete Oberfläche etwa 24 Stunden trocknen lassen. Anschließend mit Watte polieren. ⑧ Eine dünne Schicht Überzugslack auf die Oberfläche auftragen. Gut trocknen lassen. ⑨ Den Karton auf die Größe des Rahmens zuschneiden und mit den Kopien der Notenblätter bekleben. ⑩ Mit doppelseitigem Klebeband von hinten an dem Rahmen fixieren. ⑪ Zum Schluss mit der Heißklebepistole die Violine aufkleben.

Für die Karte Naturpapier auf 23 x 16 cm zuschneiden. Mit Notenkopie bekleben und Notenschlüssel aus Metallpapier verzieren (siehe unten, auf 250% vergrößern). Zum Schluss einen »Gutschein«-Ziersticker aufkleben.

ZUSCHUSS ZUM FÜHRERSCHEIN

Endlich 18: Bald kann es losgehen mit dem eigenen Wagen.

Miniverkehrszeichen (z. B. für die Eisenbahn) finden Sie auch im Spielwarengeschäft.

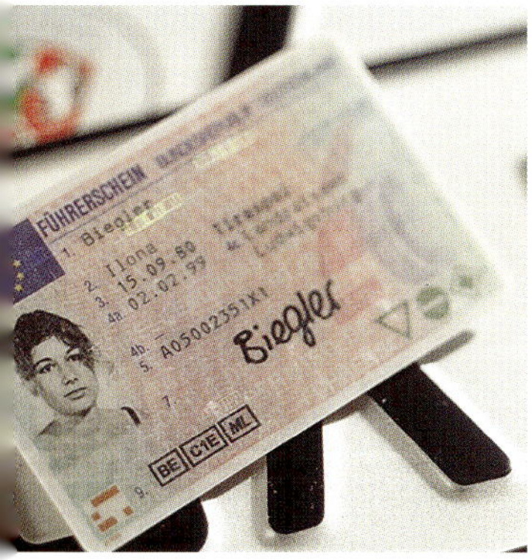

Depafitkarton, Tonpapier in Grün, Grau, Weiß, Abstandsband, Verkehrsschilder aus Moosgummi, Holzstäbchen, Holzperlen, Spielzeugautos, schwarze Wellpappe, Glanzpapier (gummiert) in Rot, Gelb und Grün, Cutter, Lineal, Schere, Klebestift, Heißklebepistole, Kreisschablone, Zeichenpapier (für die Innenkante)

① Depafitkarton als Bodenplatte zuschneiden (25 x 25 cm) und mit grünem Tonpapier bekleben. ② Die Straßenkreuzung aus grauem Tonpapier zuschneiden. Dabei die Ecken der Straße abrunden. ③ Bordsteine passend zuschneiden und mit Abstandsband aufkleben. ④ Aus weißem Tonpapier Zebrastreifen und Streifen für die Mittellinien zuschneiden und aufkleben. ⑤ Für die Verkehrszeichen die Moosgummischilder mit der Heißklebepistole an kurzen Holzstäbchen fixieren und das andere Ende in eine Holzperle stecken. ⑥ Die Schilder zusammen mit den Autos auf der Kreuzung festkleben. ⑦ Die schwarze Wellpappe auf 20 x 19,5 cm zuschneiden und falten. Aus der Vorderseite drei Kreise herausschneiden. ⑧ Drei Bogensegmente aus schwarzer Wellpappe zuschneiden und über die herausgeschnittenen Kreise auf die Karte kleben. ⑨ Die Innenkarte mit Glanzpapier bekleben, so dass die drei Farben wie bei einer Ampel durch die Ausschnitte zu sehen sind.

Tipp: Sie können die Verkehrszeichen auch selbst aus Moosgummi oder Tonpapier herstellen. Schneiden Sie dazu die Grundformen aus, und setzen Sie dann die Muster auf. Damit der Zuschnitt der Formen etwas leichter ist, sollten Sie die Verkehrszeichen zuerst auf Papier zeichnen und dann die Umrisse mit Graphitpapier übertragen. Die Schilder an gekürzten Holzspießen befestigen.

Wer den Führerscheinneuling nicht nur finanziell, sondern auch ganz praxisbezogen unterstützen will, kann ihn zusätzlich zu einer Testfahrt auf ein ADAC-Übungsgelände einladen.

Kleine Geschenktüten können Sie auch fertig kaufen. Es gibt sie in vielen Farben und Mustern.

EINKAUFS-GUTSCHEIN

Ein kleiner Zuschuss für die nächste Shoppingtour.

Glanzpapier in Rot, Zeichenkarton, rote Kordel, Fotokarton, Stoffrest, Jeansstoffrest, Miniwäscheklammern, Cutter, Metalllineal, Falzbein, Klebstoff, doppelseitiges Klebeband, Locher, doppelseitige Klebefolie, Schere, Glitterperlen

① Die Grundform der Tüte entsprechend dem Schnittplan (siehe unten) auf 200% vergrößern und aus Hochglanzpapier ausschneiden. ② Die drei Faltkanten für die Seiten anlegen. Zur Verstärkung zwei Kartonstreifen in die obere Falzkante der Vorder- und Rückseite kleben. ③ Die Längskante der Tasche zusammenkleben. ④ Bodenteil nach oben umklappen und gleichzeitig die Falte öffnen. ⑤ Die linke und rechte Seite zur Mitte hin umschlagen, um den Boden zu schließen. Beide Spitzen festkleben. ⑥ Zur Verstärkung ein passendes Stück Karton auf den Boden der Tüte kleben. ⑦ Die Tüte am oberen Rand viermal lochen. Von außen rote Kordel einfädeln und die Enden jeweils an der Innenseite verknoten. ⑧ Den Fotokarton mit doppelseitiger Klebefolie auf beiden Seiten mit Stoff beziehen. ⑨ Kleid, Hose und T-Shirt ausschneiden.

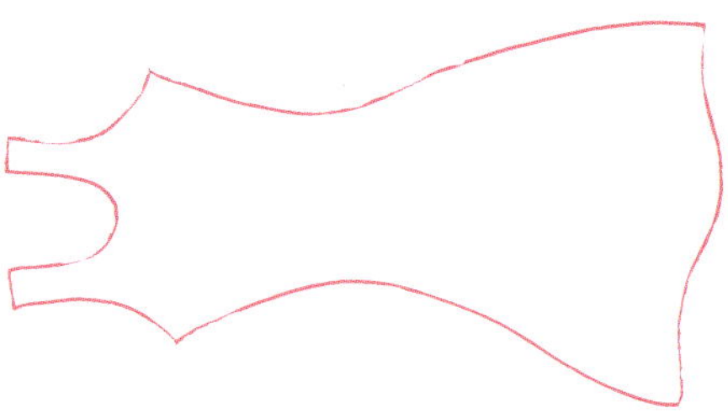

Alle Kleidungsstücke auf 200% vergrößern.

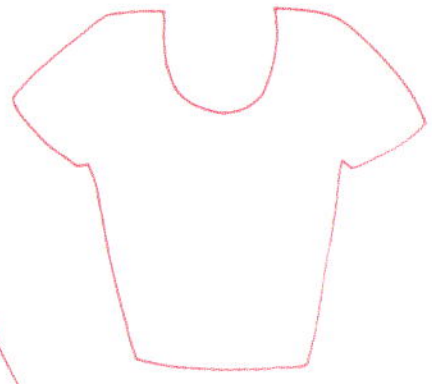

Sind alle Teile fertig, klemmen Sie sie mit Miniwäscheklammern an die Tüte. Stopfen Sie die Tüte mit etwas Seidenpapier aus, damit sie einen besseren Stand hat. Die Kleidungsstücke können Sie zusätzlich mit einem Glitterpen verzieren.

Statt mit Window-Color lässt sich die CD-Hülle auch mit Folienstiften beschriften. Und anstelle der gebastelten CD kann man auch eine alte, ausrangierte CD mit Window-Color verzieren (z. B. mit Herzen oder kleinen Blumen) und in die Hülle stecken.

FÜR DIE CD-SAMMLUNG

Ein Klassiker für alle eingefleischten Musikfans.

Hologrammfolie (selbstklebend), Laternenfolie (Window-Color), Prospekthülle, Konturenfarbe in Schwarz, Window-Color-Farben, leere CD-Hülle, Zirkel, Schere

① Die Hologrammfolie auf die Laternenfolie kleben. Mit einem Zirkel den Durchmesser einer CD abnehmen und die Maße ebenso wie den Durchmesser des Lochs in der Mitte auf die Folie übertragen. Beide Kreise ausschneiden. ② Prospekthülle auf die Vorlage legen und alle Linien mit schwarzer Konturenfarbe nachziehen. ③ Nach 2 Stunden das Motiv mit Window-Color-Farben ausmalen.

Die Vorlage auf 170% auf dem Kopierer vergrößern. Nach dem Ausmalen das Ganze mindestens 12 Stunden trocknen lassen. Am nächsten Tag das Motiv vorsichtig von der Folie abziehen und auf die Vorderseite der CD-Hülle anbringen.

Die Window-Color-Farbe immer bis ganz an die Kontur auftragen, damit das Motiv beim Abziehen von der Folie nicht reißt.

Tolle Idee statt »barer Münze«: Lustige Euro-Falttiere oder ein ausgefüllter Lottoschein.

GELD SCHÖN VERPACKT

Die besten Ideen, Geld zu verschenken – für jede Gelegenheit.

Geld zu verschenken macht vielen von uns nur wenig Freude. Allzu schnell fürchtet man, als einfallslos abgestempelt zu werden, wenn man »nur« ein paar Scheine überreicht.

Dabei sind Geldgeschenke alles andere als Verlegenheitslösungen. Sie sind ideal, wenn es ganz schnell gehen muss und keine Zeit bleibt, ein persönliches Präsent auszusuchen. Oder wenn man den oder die zu Beschenkenden nicht gut genug kennt, um das Richtige zu finden. Und selbst wenn man wirklich einmal ganz einfach keine Idee hat, worüber sich der andere freuen könnte, ist es doch eine schöne Sache, sich den Beschenkten mit dem nötigen Baren selbst einen Wunsch erfüllen zu lassen.

Oft wünschen sich Leute sogar auch ausdrücklich Geld – z. B. zum Abitur, zur Hochzeit oder einfach zum Geburtstag, um wieder einmal ausgiebig shoppen zu gehen. In so einem Fall sollte man nur zu gerne dabei helfen, die gewünschten Pläne, Ziele und Träume des anderen mit einer kleinen Finanzspritze zu verwirklichen.

Schön verpackt

Keine Frage: Man könnte die Scheine ganz einfach in eine hübsche Karte legen, ein paar Wünsche dazuschreiben und alles in ein Kuvert stecken. Den meisten ist das aber einfach zu unpersönlich. Zu Recht! Schließlich gibt es zahlreiche Möglichkeiten, Geld ganz individuell zu verschenken. Man kann es zu lustigen Figuren falten, wertvolle »Schmuckstücke« aus Münzen oder Scheinen basteln oder kleine Geldtransporter für den anstehenden Umzug beladen. Wenn es noch schneller gehen soll, versteckt man das Bare in einer dekorativen Schatztruhe (geeignete Schachteln aus Karton oder Holz gibt es z. B. im Hobbybedarf, kleine Truhen in der Spielwarenabteilung). Sie

Je nachdem, wie man die Euroscheine knickt, entstehen farbenprächtige Faltungen, die sich z. B. zu Geldsternen zusammensetzen lassen.

Immer eine gute Idee: das Geld in einen großen Luftballon füllen lassen. Die Adressen entsprechender Geschenkeshops finden Sie in den gelben Seiten (Stichwort »Ballon« bzw. »Luftballon«). Für einen Ballon ohne Gas können Sie auch Scheine aufrollen, zusammenbinden, in den Ballon stecken und diesen dann aufblasen.

werden sehen: Für jeden Anlass gibt es die passende Idee – ob Taufe, Urlaub oder Einladung zum Italiener. Mit sorgfältig ausgesuchtem Drumherum sind die Scheine gleich noch einmal so viel wert. Viele tolle Anregungen finden Sie in diesem Buch!

Noch ein Tipp: Natürlich können Sie die Höhe des Betrages ganz nach Bedarf variieren, indem Sie die Vorschläge einfach mit kleineren oder größeren Scheinen bzw. Münzen nachbasteln.

Sammeln Sie!

Wenn es einen größeren Wunsch zu erfüllen gilt – z. B. eine Wochenendreise oder ein tolles Möbelstück – sollten Sie sich ganz einfach mit anderen Freunden, Verwandten und Bekannten zusammentun und alles in eine Schale werfen. Das Praktische daran: Da der Beschenkte nicht weiß, wer wie viel gegeben hat, muss niemand mehr geben, als er wirklich will – und trotzdem kommt ein schöner Betrag zusammen. Natürlich unterschreibt trotzdem jeder Beteiligte auf einer großen Glückwunschkarte, damit man sich später gebührend bei allen bedanken kann.

Überraschung

Geld allein ist Ihnen trotz allem zu langweilig? Wie wäre es dann mit einem ausgefüllten und bezahlten Lottoschein (je nachdem, wie »wertvoll« das Geschenk sein soll, von einer Ziehung bis zu mehreren Wochen Spieldauer), einem Haufen Glückslose oder einem Jahreslos mit mehreren Gewinnchancen? So ein »Geldgeschenk« ist nicht nur witzig und spannend. Mit etwas Glück kann für den Beschenkten auch eine Menge dabei herauskommen, denn den Gewinn darf er natürlich behalten. Und wer weiß: Vielleicht zeigt sich der Gewinner ja spendabel und revanchiert sich bei Ihnen für das Geschenk mit einem großzügigen Anteil?

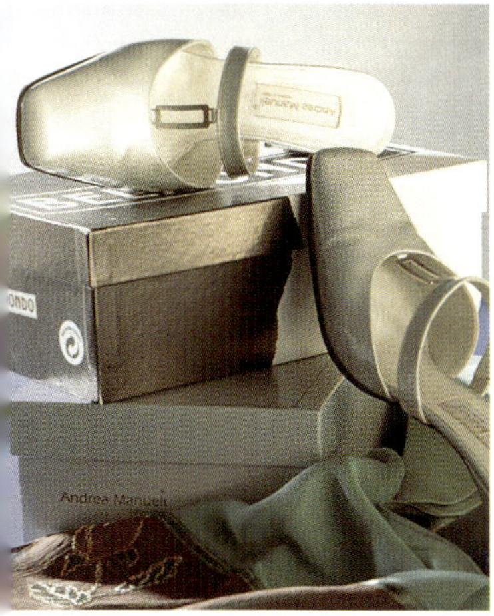

Mit den kleinen Geld-tüten lassen sich große Wünsche erfüllen.

TÜTEN-WEISE GELD

Ein originelles Geschenk für einen Einkaufsbummel.

Verschiedene Geldscheine
Dokumentenklebestreifen
dünne Paketschnur

① Die untere Längskante eines Geldscheins etwa 1 cm breit umfalten. Den Bruch mit dem Fingernagel glatt streichen und den Schein anschließend wieder auffalten. ② Die Schmalseiten des Scheins mit Dokumentenklebestreifen zu einem Ring zusammenkleben. ③ Den Ring entlang der Klebekante und auf der gegenüberliegenden Seite falten. ④ Etwa 1,5 bis 2 cm versetzt und parallel dazu nochmals falten. ⑤ Für den Boden der Tüte das Papier an den Schmalseiten – entlang der ursprünglichen Bruchkante – zur Mitte hin falten, dann die Längsseiten darüber legen und mit Dokumentenklebestreifen fixieren. ⑥ Zwei 8 cm lange Stücke von der Paketschnur abschneiden und mit Dokumentenklebestreifen als Henkel am oberen Rand des Täschchens auf der Innenseite festkleben.

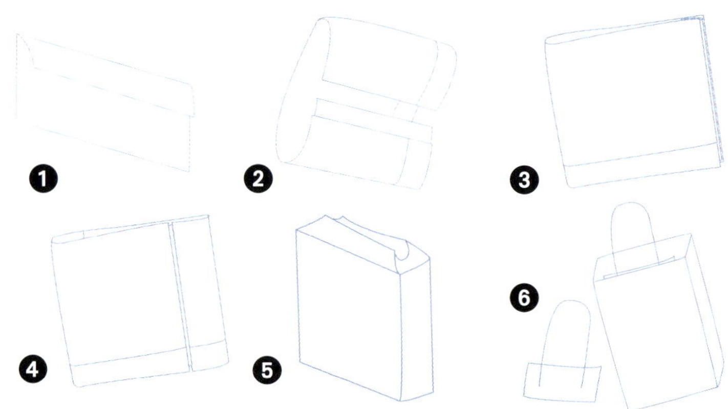

Beim Falten die Falze gut festziehen.

Damit das Geschenk richtig bunt wirkt, sollte man die Tüten aus verschiedenen Scheinen falten. Zum Verschenken kann man die Tragetaschen an einer Puppe in passender Größe befestigen.

Vor allem, wenn man das Brautpaar nicht so gut kennt, sind Geldgeschenke sinnvoll.

WERTVOLLE HOCHZEITSTORTE

Diese Torte kann man zwar nicht essen, aber dafür ist ihre Verzierung kostbar.

1 Tube gebrauchsfertige Spachtelmasse
Spritzbeutel mit Sterntülle
1 runde Spandose Ø etwa 20 cm, Dispersions- oder Acrylfarbe in Weiß, Pinsel
8 Geldscheine à 10 Euro
Dokumentenklebestreifen
Tortendeko (Täubchen- oder Brautpaar)
Heißkleber

① Die Spachtelmasse mit sehr wenig Wasser cremig rühren und in den Spritzbeutel füllen. Den Deckel der Dose wie eine Torte verzieren, dabei in acht Segmente einteilen. Nach dem Trocknen der Spachtelmasse die Torte rundum weiß anmalen. ② Einen Geldschein der Länge nach falten und von der Schmalseite her aufrollen. Anschließend die Rolle bis kurz vor den Anfang wieder öffnen. ③ Die offenen Unterkanten des Scheins mit einer Hand zusammenfassen und um die fest aufgerollte Mitte drücken, dabei die Bruchkante mit der anderen Hand blütenartig nach außen formen. ④ Mit einem Dokumentenklebestreifen die Blüte an der Unterseite fixieren, die Blätter anschließend nochmals vorsichtig ausformen. Die restlichen Blüten ebenso fertigen. ⑤ Die Blüten mit Klebestreifen auf die Torte kleben, in der Mitte der Dose mit Heißkleber die Tortendeko befestigen.

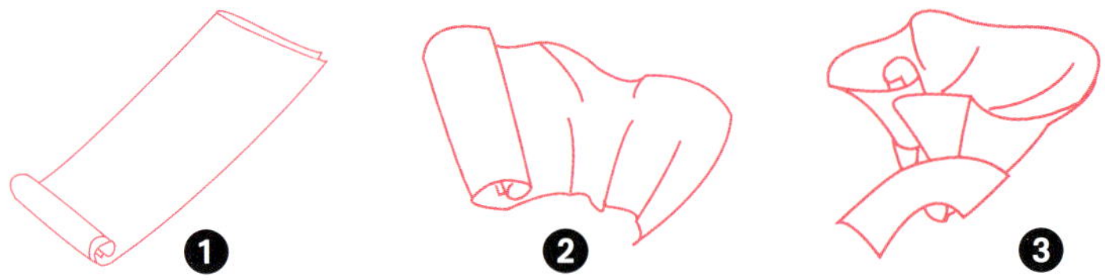

Die Blüten werden an der Unterseite gerafft.

Herzen aus transparentem Kunststoff eignen sich hervorragend für ein Geldgeschenk in letzter Minute. Sie bestehen aus zwei Hälften, die man auseinander nehmen und wieder zusammenstecken kann. Sie sind in verschiedenen Größen erhältlich und werden einfach mit gefalteten Geldscheinen und kleinen Dekoartikeln gefüllt.

Eine hübsche Variante ist es, die Babyartikel zusätzlich mit Federn zu schmücken.

MOBILE ZUR TAUFE

Ein ausbalancierter finanzieller Zuschuss für den Start ins Leben.

2 Rundhölzer à 40 cm und
1 à 20 cm Ø 0,7 cm
6 Holzkugeln Ø 2 cm
Acrylfarben in verschiedenen Pastelltönen, Pinsel
7 Geldscheine à 20 Euro
verschiedene Babyartikel (z. B. Babyschühchen, Schnuller, Badethermometer, Babybürste, Püppchen, Schnullerkette)
Satinband 0,5 cm breit
Heißkleber
1 Storch aus Watte

① Die Rundhölzer und Holzkugeln mit Acrylfarbe in verschiedenen Pastelltönen streichen und vollständig trocknen lassen. ② Die Geldscheine mit 0,5 cm Faltenbreite von der Schmalseite her gleichmäßig zur Ziehharmonika falten. Die Scheine jeweils in der Mitte zusammenfassen und mit je einem Stück Satinband auf die Babyartikel binden. Die Enden der Scheine vorsichtig auffächern. ③ Die Holzkugeln mit jeweils einem Tropfen Heißkleber auf die Enden der Rundhölzer kleben. ④ Die beiden langen Hölzer mittig über Kreuz legen und das Kreuz mit einem langen Stück Satinband, das gleichzeitig als Aufhängung dient, fest zusammenbinden. ⑤ Das kurze Rundholz mit Satinband so an einem Ende des Kreuzes festbinden, dass es etwa 15 cm herabhängen kann. Dann ein Schühchen und den Schnuller mit etwa 30 cm langen Satinbandstücken jeweils an einem Ende des kurzen Rundholzes befestigen. ⑥ An den übrigen Rundholzenden das Thermometer, die Babybürste und das zweite Schühchen mit Satinband festbinden. In die Mitte des Kreuzes die Schnullerkette mit dem Band befestigen, darüber den Storch mit den Fußdrähten fixieren, als hätte er sich dort kurz niedergelassen. ⑦ Zum Schluss durch Verschieben der Stäbe das Mobile so ausbalancieren, dass alle Stäbe in der Waagerechten bleiben.

Wenn Sie keine Zeit haben, das Mobile zu basteln, können Sie das Geld auch in eine Babytrinkflasche oder in ein Paar Babysöckchen stecken. Beides ist ein praktisches Geschenk und zugleich eine hübsche Verpackung.

Pasta, Knoblauch, frische Tomaten und feine Kräuter: Was braucht man mehr?

KOSTBARER NUDELTELLER

Diese Nudelvariationen sind ein schöner Gutschein für ein italienisches Abendessen.

Mehrere verschiedene Euroscheine
Dokumentenklebestreifen
1 großer Pastateller
Knoblauch, Cocktailtomaten
1 kleines Kräutersträußchen

① Für die Fusilli: Geldschein mittig der Länge nach falten. Bruch mit dem Fingernagel festziehen und den Schein anschließend wieder auseinander falten. Die Längskanten zum Mittelfalz umschlagen und den Schein zusammenklappen, so dass ein etwa 1 cm breiter Streifen entsteht. Mit dem Fingernagel die Falten festziehen. Den Streifen von der Schmalseite her fest aufrollen. An Anfang und Ende fassen und so auseinander ziehen, dass eine Spirale entsteht. ② Für die Rigatoni: Schein mittig der Breite nach zusammenfalten, den Bruch festziehen, dann schräg aufrollen. Die Rolle mit einem Dokumentenklebestreifen fixieren. ③ Für die Farfalle: Schein von der Schmalseite aus zu einer Ziehharmonika falten. Den gefalteten Schein an den beiden Enden fassen, zweimal verdrehen und die Enden auffächern. ④ Für die Bandnudeln: Zweimal je fünf Geldscheine mit den Schmalseiten bündig aneinander kleben. Jeden Streifen mittig der Länge nach falten. Faltungen mit dem Fingernagel festziehen und Streifen anschließend wieder auseinander falten. Die Längskanten zum Mittelfalz umschlagen und die Streifen zusammenklappen. Die beiden Streifen aufeinander legen und zusammengefasst fest aufrollen. Die Rolle mit Dokumentenklebestreifen fixieren und einige Zeit liegen lassen. Klebestreifen dann vorsichtig wieder abnehmen und die »Nudeln« so auseinander ziehen, dass ein Nudelnest entsteht. ⑤ Die verschiedenen »Nudeln« auf den Pastateller legen. Mit den Knoblauchzehen, den Cocktailtomaten und dem Kräutersträußchen garnieren.

Die verschiedenfarbigen Geldscheine machen den bunten Nudelteller mit den verschiedenen Pastasorten noch lebendiger. Wer besonders großzügig ist, kann dem Gericht natürlich noch andere Nudelfarben oder eine Essig- und Ölmenage zufügen.

Speditionsfahrzeuge und Gabelstapler im Miniformat gibt's im Spielwarenladen.

UMZUG MIT GELDTRANSPORTER

So ein »starker« Transporter im Miniformat kommt bei jedem Umzug gut an!

1 Bogen brauner Tonkarton DIN A4, Klebstoff
mehrere Geldscheine
Dokumentenklebestreifen
Spielzeuglastwagen mit Gabelstapler

① Für jeden Umzugskarton nach der Schemazeichnung einen Streifen von etwa 5 cm Breite und 16 cm Länge auf den Tonkarton übertragen. Dazu die Zeichnung je nach Größe des Spielzeuglastwagens auf dem Kopierer entsprechend vergrößern. ② Tonkarton entlang der durchgezogenen Linien aus- bzw. einschneiden und entlang der gestrichelten Linien falten. ③ Die Klebelasche mit Klebstoff bestreichen und den Karton schließen. Beim Boden erst die schmalen Seiten nach innen klappen, dann die breiten darüber falten und festkleben. ④ Die Laschen des Deckels umklappen und einen gefalteten Geldschein in die Schachtel stecken. ⑤ Die anderen Geldscheine falten und mit Dokumentenklebestreifen auf die Seiten der Kartons aufkleben. ⑥ Die Kartons wie Umzugskisten auf einen Spielzeuglastwagen stapeln. Eine Kiste auf den Gabelstapler stellen.

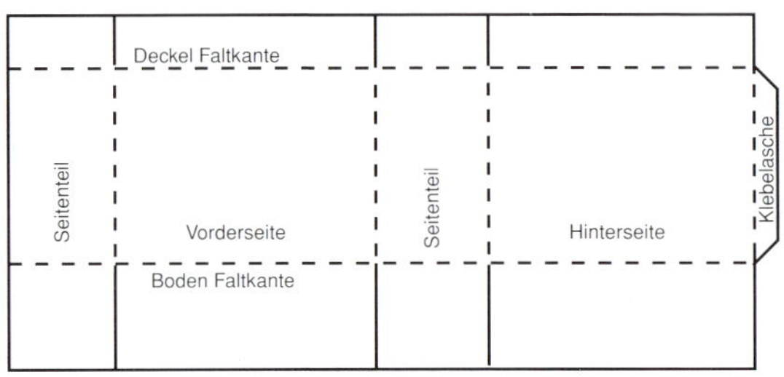

Die gestrichelten Linien falten, die durchgezogenen Linien aus- bzw. einschneiden.

Bei einem Umzug ist nicht nur finanzielle Hilfe gefragt. Der Beschenkte freut sich mit Sicherheit auch, wenn Sie tatkräftig mit anpacken oder Ihren Kombi zur Verfügung stellen.

Eine schnelle Variante sind Geldblüten in einem Blumenstrauß oder an einer Pflanze.

LEUCHTENDER STRAUSS

Hoffentlich sind die Blumen in diesem Strauß keine »Blüten«!

15 Geldscheine
Dokumentenklebestreifen
Lichterkette mit 15 Lämpchen in Weiß, Draht Ø 0,5 mm
Drahtschere, Geschenkband
1 Bogen farbiges Seidenpapier

① Die Geldscheine der Breite nach mittig zusammenfalten, die Bruchkanten mit dem Fingernagel festziehen. ② Die gefalteten Scheine zu Tüten drehen. An der Spitze muss dabei ein Loch bleiben. Die fertigen Tüten mit Dokumentenklebestreifen fixieren. ③ Die kleinen Tüten über die Lämpchen der Lichterkette stecken und mit Dokumentenklebestreifen an den Fassungen festkleben. ④ Für die Blütenstängel 15 je 50 cm lange Stücke vom Draht abschneiden. Jeweils ein Lämpchen auf die Mitte eines Drahtstücks legen. Geldschein und Fassung mehrmals fest mit den Drahtenden umwickeln. Die Drähte um die Lampenkabel wickeln. Sind die Kabel kürzer als die Drähte, die noch überstehenden Drahtenden allein miteinander verdrehen. ⑤ Die gewickelten Drähte zusammenfassen. Den so entstandenen »Lampenstrauß« mit einem Stück Geschenkband zusammenbinden und mit farbigem Seidenpapier umwickeln.

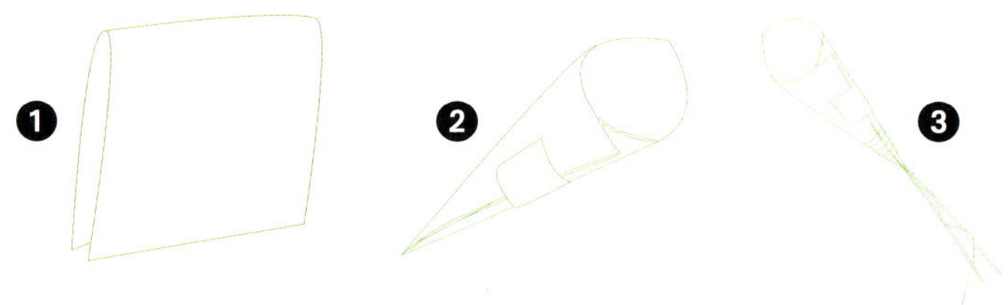

Aus den Geldscheinen werden kleine Blüten gedreht. Die Stiele der Blumen werden dann aus Draht gewickelt.

So ein leuchtender Strauß ist eine wirklich gelungene Überraschung. Beim Präsentieren sollte der Raum abgedunkelt und eine Stromquelle in erreichbarer Nähe sein. Ideal ist der Strauß daher als Dekoration für den Geburtstagstisch.

Wenn es draußen nass, kalt und ungemütlich wird, sorgt ein warmer Schauer für Abwechslung.

WARMER GELDREGEN

Ein Regenguss, über den sich wirklich jeder freut.

Nylonschnur
Kinderregenschirm
mehrere Geldstücke
Heißkleber

① Mehrere 50 cm lange Stücke von der Nylonschnur abschneiden. Den Regenschirm aufspannen und jeweils ein Ende der Fäden an die Drähte auf der Innenseite des Schirms knoten. ② Auf einer Seite der Geldstücke eine dünne Heißkleberspur auftragen und jeweils das andere Ende einer Nylonschnur hineinlegen. Warten, bis der Kleber fest ist. ③ Auf dieselbe Weise jeweils drei Geldstücke mit etwa 10 cm Abstand mit Heißkleber an den Fäden befestigen. ④ Zum Verpacken den geöffneten Schirm mit der Spitze nach unten halten, die Fäden vorsichtig hineinlegen und den Schirm schließen.

Variante

Für ein noch wertvolleres Geschenk mehrere Geldscheine zu einer Ziehharmonika falten (dabei jeweils an den Schmalseiten beginnen). Scheine in der Mitte zusammenfassen und in die Nylonschnüre einknoten. Die Enden der gefalteten Scheine vorsichtig auffächern.

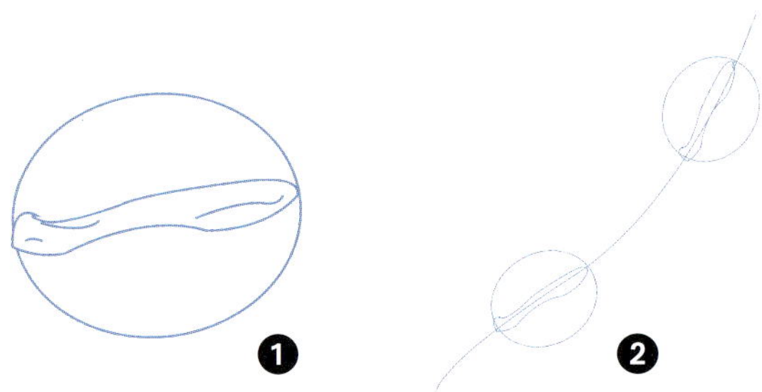

Die Geldstücke mit Heißkleber an der Nylonschnur befestigen.

Der Regenschirm mit den Münzen sorgt für eine gelungene Überraschung, denn wie im Märchen vom Sterntaler fallen die Münzen auf den Beschenkten herab. Wer keine Zeit zum Basteln hat, kann einen Geldschein in eine Foto-Schneekugel stecken. Dieses Schneegestöber sorgt sicher auch für große Freude.

Schmuck und Münzen sorgen dafür, dass es in der Schatztruhe schön glitzert.

ÜBERVOLLE SCHATZTRUHE

Für den größten Schatz der Welt verschenken Sie sicherlich gerne eine gut gefüllte Schatztruhe.

Anlegemittel, Flachpinsel
1 Truhe aus Karton oder Holz (Bastelbedarf), 1 Packung Schlagmetall in Gold
dicker, weicher Pinsel
Rest rote Futterseide
Klebstoff
mehrere Geldscheine und -stücke
Golddraht oder Goldfaden
Modeschmuck
Sternpailletten

① Das Anlegemittel mit dem Flachpinsel rundum auf die Truhe auftragen. ② Das Schlagmetall mit den Fingerkuppen aufnehmen und auf die Truhe legen. Mit dem dicken Pinsel leicht andrücken. Auf diese Weise die ganze Truhe vergolden. ③ Nach etwa 30 Minuten die überstehenden Metallreste mit dem Pinsel abbürsten. Unregelmäßige Stellen und Risse sorgen für den gewünschten Antikeffekt. Eventuell kann an manchen Stellen erneut Anlegemittel und Blattgold aufgetragen werden. ④ Aus der Futterseide einen Streifen zuschneiden, der etwa 5 cm länger ist als der Umfang der Truhe. ⑤ Die Truhenwände innen mit Klebstoff einstreichen und den Stoffstreifen bündig zum oberen Rand hineinkleben. Den überstehenden Stoff faltig am Boden drapieren. ⑥ Jeden Geldschein zum Quadrat falten und mit Golddraht oder Goldfaden zu einem handlichen Päckchen verschnüren. Die Scheine zusammen mit den Geldstücken, dem Modeschmuck und den Pailletten in die Schatztruhe legen.

Variante

Malen Sie eine kunstvolle Schatzkarte auf schweres Papier (z. B. Bütten). Rollen Sie die Karte zusammen, und verschließen Sie die Rolle mit einem breiten roten Band und Siegelwachs. Dann die Truhe an einem sicheren Ort verstecken und nur die Schatzkarte überreichen. Mit ihrer Hilfe muss sich der oder die Beschenkte dann auf die Suche machen.

Wenn die Zeit zum Selbstbasteln fehlt, verpacken Sie das Geld in mehrere kleine Kartons und versiegeln diese mit Siegellack. Besonders geheimnisvoll und edel sehen die Schächtelchen aus, wenn Sie rote Japanseide, goldenes oder silbernes Geschenkpapier verwenden.

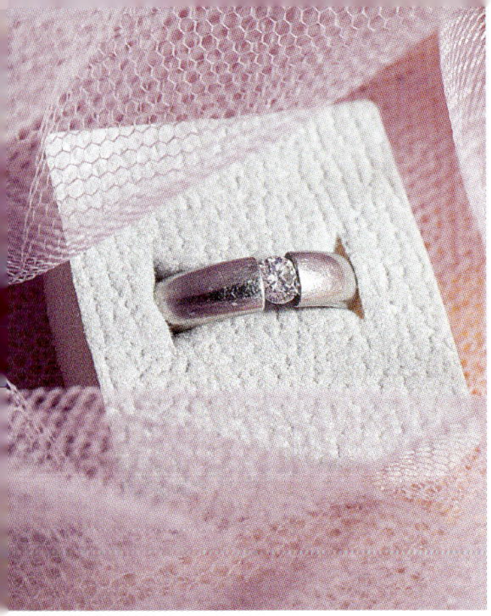

Klein, aber fein: Ein Ring aus einem 50-Euro-Schein passt nur auf Kinderhände.

EIN GANZ BESONDERER RING

Dieser Ring ist ein wertvolles Geschenk, das sich nur aus 200- oder 500-Euro-Noten falten lässt.

1 Schein à 200 bzw. 500 Euro

① Den Schein mit der Brücke nach oben legen. Die untere Längskante um 1,5 cm nach oben falten. ② Obere Längskante auf den Falz unten falten. ③ Den oberen Falz nach unten auf die Kante falten. ④ Den Streifen wenden, so dass die Zahl 200 bzw. 500 rechts liegt. Die linke Schmalseite im Abstand von 6,5 cm im 90°-Winkel nach oben knicken. ⑤ Den senkrecht stehenden Teil nach rechts umfalten. ⑥ Die linke Seite nach rechts legen, so dass sie fast an die Zahl 200 bzw. 500 stößt. Nicht knicken! Den nach oben zeigenden Streifen nach hinten und unten falten. ⑦ Den Schein wenden und das Stück mit der 200 bzw. 500 um den nach unten zeigenden Streifen legen. Das überstehende Ende dahinter schieben. ⑧ Überstehenden Streifen von unten nach oben in den Ring stecken und nach vorne überschlagen, dann in die obere Lasche stecken.

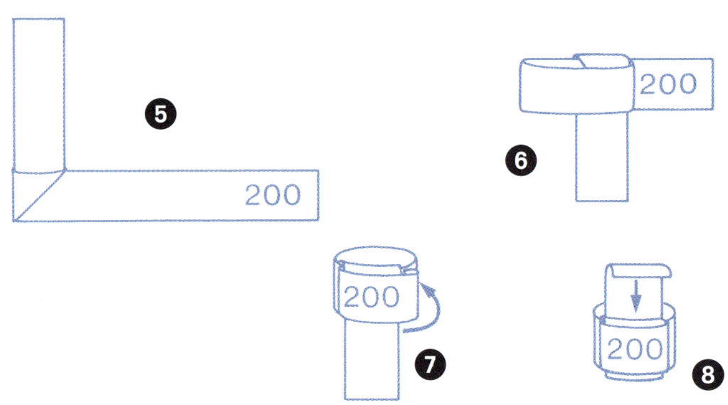

Alle Faltungen sehr gut festziehen.

Der 500-Euro-Ring passt auf den Ringfinger, das 200-Euro-Schmuckstück kann am kleinen Finger getragen werden.

Wenn einer eine Reise plant, freut er sich über einen Zuschuss für die Urlaubskasse.

VIVE LE VOYAGEUR

Diese Reisekarte erleichtert den Urlaub erheblich.

1 Europakarte
1 Stück Styropor in Größe der Europakarte, 2 cm stark
5 Schaschlikspieße
je 1 Schein à 5, 10, 20, 50 und 100 Euro
1 kleiner Spielzeugzug
Sprühkleber
Plakatfarbe in Grün
Pinsel
Filzstifte in verschiedenen Farben
Dokumentenklebestreifen
Klebstoff

① Die Europakarte zur Probe auf das Styropor legen. Falls die beiden Teile nicht genau passen, je nach Bedarf die Styroporplatte oder die Landkarte entsprechend zurechtschneiden. ② Das Styropor mit dem Sprühkleber besprühen. Die Europakarte vorsichtig auf den feuchten Kleber legen und festdrücken. Mit den flachen Händen mehrmals kräftig darüber streichen. ③ Die Schaschlikspieße mit den Filzstiften bemalen. ④ Nun werden die Banknoten mit dem Dokumentenklebestreifen an die farbigen Schaschlikspieße geklebt. Dazu jeweils ein Stück Klebestreifen in der Länge der Schmalseite eines Scheins abschneiden. Das Dokumentenklebestreifenstück zu einem Drittel seiner Breite an der hellen Schmalseite befestigen. ⑤ Einen Schaschlikspieß auf den Klebestreifen legen und diesen um den Spieß schlagen (die Klebeseiten dürfen jedoch keinen Kontakt miteinander haben). Den Streifen auf der anderen Seite des Scheins festdrücken. ⑥ Die fertigen Eurofähnchen werden dann in die Landkarte gesteckt.

Tipp: Vor der Reise nach den Zielen des Beschenkten fragen, so können Sie die Route mit den Geldscheinen beschreiben. Je nachdem, ob man per Auto oder Bahn, über Wasser oder in der Luft reist, dekorieren Sie die Landkarte mit Spielzeugwagen, -zug, -schiffchen oder -flugzeug.

Sie haben gar keine Zeit mehr, selbst Hand anzulegen? Dann stecken Sie doch einfach ein paar aufgerollte Scheine in eine aufblasbare Weltkugel. Kräftig pusten, zustöpseln, fertig!

Wer baut oder renoviert, freut sich nicht nur über finanzielle Hilfe, sondern auch über tatkräftige Mitarbeit.

SCHAFFE, SCHAFFE, HÄUSLE BAUE

Wer ein Häuschen baut, ist für dieses nette Geschenk sicher dankbar.

3 Scheine à 50 Euro, 1 Schein à 200 Euro, Tonkarton in Gelb und Rot, Cutter, Klebstoff

① Die Maße der Hauswände zweimal auf den gelben Tonkarton übertragen. Auf der einen Giebelseite die innen liegenden senkrechten Linien weglassen. Die Maße für das Dach auf roten Tonkarton zeichnen. ② Die Teile ausschneiden. Die Falzlinien anreißen. ③ Die senkrechten Schlitze mit dem Cutter einschneiden. ④ Zwei 50-Euro-Scheine so der Länge nach falten, dass die Ober- und Unterkante des vorderen Fensters sichtbar bleiben. ④ Die Schmalseiten nach hinten falten, so dass links und rechts des Fensters noch etwa 1 cm übersteht. Den 200-Euro-Schein ebenso falten, das Fenster über der Tür wird mit nach hinten geknickt. ⑤ Den dritten 50-Euro-Schein so falten, dass das Feld unter der Balustrade nicht mehr sichtbar ist. ⑥ Die Geldscheine durch die Schlitze in den Hauswänden schieben. ⑦ Klebstoff auf die Klebelaschen auftragen. Hauswände zusammensetzen und das Dach aufkleben.

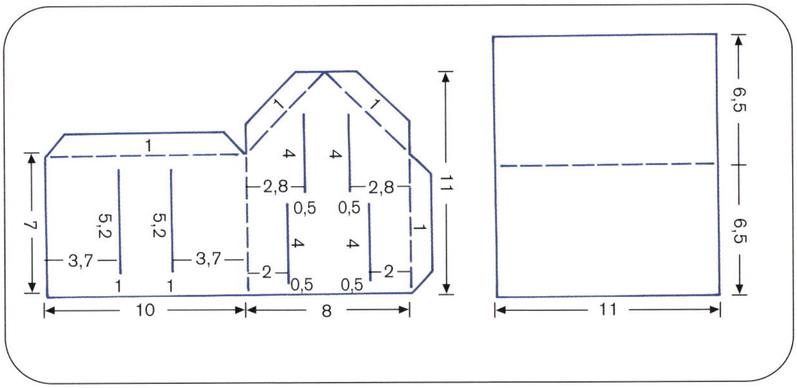

Je nachdem, wie Sie die einzelnen Sternenstrahlen falten, ergeben sich beim Zusammensetzen immer wieder andere Muster. Experimentieren Sie also ruhig einmal selbst mit verschiedenen Scheinen.

SCHÖNES GESCHENKPAPIER

In tollem Geschenkpapier wirkt auch das kleinste Präsent richtig nobel. Doch nicht immer hat man es vorrätig oder kann es kaufen. Nicht verzweifeln! Auch mit anderen Papieren lassen sich Geschenke toll verpacken. Und noch dazu haben Sie den Überraschungseffekt auf Ihrer Seite.

Farbiges Papier (Tonpapier etc.): Egal ob matt oder hoch glänzend – das Papier lässt sich gut falten und ohne Probleme verkleben. Besonders tolle Effekte erzielt man mit zweifarbigem Papier, wenn man es an den Kanten jeweils noch einmal umschlägt. Vorsicht: Je dicker das Papier, desto schneller kann es an den Falzkanten brechen. Auf durchgefärbtes Papier achten, da sonst an den Knickstellen das weiße Innere sichtbar werden kann.

Handgeschöpftes Papier: Papier in sanften Weiß- und Beigetönen, oft mit eingearbeiteten Blüten, Gräsern oder anderen Fasern. Ganz wichtig: Bei der weiteren Deko Ton in Ton bleiben, die filigranen Papiere vertragen keine knalligen Farben. Vorsicht: Das Papier ist sehr weich und oft etwas dicker, eignet sich daher weniger für komplizierte Faltungen als für sehr lockere Umhüllungen.

Krepp- und Seidenpapier: Preisgünstiges Papier, das in sehr vielen Farben und Schattierungen erhältlich ist. Ideal, wenn das Geschenk noch mit anderen Dingen dekoriert werden soll. Vorsicht: Das Papier darf nicht nass werden (z.B. bei echtem Blumenschmuck), da sich sonst helle Flecken mit dunklen Rändern bilden. Klebstoff sparsam verwenden und erst leicht antrocknen lassen oder mit doppelseitigem Klebeband arbeiten.

Reispapier: Weiches Papier, das sich vor allem für lockere Umhüllungen eignet. Vorsicht bei Klebstoff: Sparsam verwenden und leicht antrocknen lassen, ehe das Papier verklebt wird. Noch besser: Klebestreifen oder doppelseitiges transparentes Klebeband verwenden.

BÄNDER, BÄNDER

Für alle, die keine Lust oder Zeit haben, selbst kunstvolle Schleifen zu binden, gibt es eine Vielzahl von praktischen Bändern, die jedes Päckchen im Handumdrehen zu einem prächtigen Präsent verwandeln.

Kräuselband: Kunststoffband, das nach dem Zuschnüren und Verknoten schnell und in einem Rutsch über die Schneidefläche einer Schere gezogen wird und sich dadurch einrollt.

Bastband: Noch eine Alternative zur klassischen Schleife. Das breite Band kann mit einem Bändchenteiler nach dem Verknoten an beiden Enden in schmale Streifen geteilt werden.

Drahtband: Textilbänder, an deren Seiten dünner Draht eingewoben wurde. Sie lassen sich ohne viel Mühe zu kunstvollen, stabilen Gebilden formen.

Rosettenband: Zieht man an den speziell dafür vorgesehenen Schnüren dieser Bänder, formen sie sich automatisch zu einer dekorativen Rosette.

Fertige Schleifen (aus Textil und Kunststoff): Sie werden einfach mit einem Stück transparentem doppelseitigem Klebeband auf das Geschenk geklebt. Die Kunststoffvariante hat oft sogar bereits einen Klebestreifen auf der Rückseite.

Tipp: Damit Textilbänder nicht ausfransen, scheiden Sie sie am besten schräg ab (entweder in einer Linie oder als Schwalbenschwanz bzw. umgekehrt als Spitze).